高等职业教育土建类"十四五"系列教材

路基路面施工

LUJI LUMIAN SHIGONG

主　编　陈艳华　王建军
副主编　陈　祥　马联华

电子课件
（仅限教师）

华中科技大学出版社
http://press.hust.edu.cn
中国·武汉

内 容 简 介

本书全面介绍路基路面工程的施工方法、要点及质量检验,为想要从事道路工程建设的人员提供参考;通过工程案例解决施工现场问题;通过建造师考试真题训练和解析,助力考证人员通过公路(市政)建造师考试。本书还融入中国古代道路的修建知识,增进学生对道路工程的了解,提升学生的民族自信心、文化素养,培养学生的规范意识、质量意识、团结协作意识、精益求精的工匠精神。

本书分为3个项目,共8个任务。3个项目为道路基本知识及施工准备、路基施工手册、路面施工手册。8个任务为道路基本知识、道路施工准备、土石方施工、防护支挡工程施工、排水工程施工、路面基层施工、沥青路面施工、水泥混凝土路面施工。

图书在版编目(CIP)数据

路基路面施工/陈艳华,王建军主编. —武汉:华中科技大学出版社,2024.1
ISBN 978-7-5772-0485-7

Ⅰ.①路… Ⅱ.①陈… ②王… Ⅲ.①路基工程-道路施工 ②路面施工 Ⅳ.①U416

中国国家版本馆 CIP 数据核字(2024)第 025612 号

路基路面施工
Luji Lumian Shigong

陈艳华　王建军　主编

策划编辑:康　序
责任编辑:李曜男
封面设计:孢　子
责任监印:朱　玢

出版发行:华中科技大学出版社(中国·武汉)　　电话:(027)81321913
　　　　　武汉市东湖新技术开发区华工科技园　　邮编:430223
录　　排:武汉三月禾文化传播有限公司
印　　刷:武汉市洪林印务有限公司
开　　本:787mm×1092mm　1/16
印　　张:10.75
字　　数:235千字
版　　次:2024年1月第1版第1次印刷
定　　价:45.00元

本书若有印装质量问题,请向出版社营销中心调换
全国免费服务热线:400-6679-118　竭诚为您服务
版权所有　侵权必究

前言 Preface

路基路面施工为高职高专交通土建类专业(道路与桥梁工程技术、市政工程技术等)的专业核心课程,主要培养学生合理进行路基路面施工的工、料、机准备,规范安排道路施工流程,正确控制施工要点,标准化开展质量检验工作的能力。课程教学对提升交通土建类专业学生的职业技能具有关键作用。

本书以高等职业学校交通土建类专业教学标准为依据,立足职教 20 条及"三教"改革,依托"路基路面施工"中国大学生慕课 spoc 在线课,对接道路施工员岗位职责,通过企业调研,分析高职学生学情,配合以学生为中心、以任务驱动的教学模式,对传统教材内容进行改革。传统教材内容偏重结构设计及分析,不符合施工员岗位工作特点,学生理解困难,难以接受。本书删除传统教材中的大量结构设计的内容,将教材中的施工要点部分进行强化,对标各施工标准,将教材内容按实际工程施工流程进行细化,以适应高职教育的特点。

本书分为 3 个项目,共 8 个任务。3 个项目为道路基本知识及施工准备、路基施工手册、路面施工手册。8 个任务为道路基本知识、道路施工准备、土石方施工、防护支挡工程施工、排水工程施工、路面基层施工、沥青路面施工、水泥混凝土路面施工。

本书涵盖了道路工程当中路基和路面施工课程的内容。书中相关技术内容及符号等均采用最新国家标准,包括《公路路基施工技术规范》(JTG/T 3610—2019)、《公路路面基层施工技术细则》(JTG/T F20—2015)、《公路沥青路面施工技术规范》(JTG F40—2004)、《公路水泥混凝土路面施工技术细则》(JTG/T F30—2014)等。本书的编制参考了全国二级建造师考试中工程管理与实务考试用书,因此,本书可作为二级建造师考试的辅助用书。

  本书由湖北三峡职业技术学院陈艳华、王建军担任主编,由湖北三峡职业技术学院陈祥、重庆安全技术职业学院马联华担任副主编。编写分工:陈艳华编写项目1、项目2的任务1并负责全书统稿工作,王建军编写项目2的任务2,陈祥编写项目2的任务3,马联华编写项目3。在本书编写过程中得到了企业专家湖北益通建设股份有限公司技术总监代江鹏的支持与帮助,在此表示感谢。

  为了方便教学,本书还配有电子课件等资料,任课教师可以发邮件至 husttujian@163.com 索取。

  由于时间仓促且作者水平有限,书中难免存在不足之处,恳请各位同仁和读者批评指正。

编 者

2023 年 12 月

目录 Contents

项目1 道路基本知识及施工准备 /001

任务1 道路基本知识 /002
1.1 道路分级与技术标准 /004
1.2 道路结构层次划分 /006
1.3 路基土分类及工程性质 /011

任务2 道路施工准备 /016
2.1 施工准备 /018
2.2 常见施工机械 /022

项目2 路基施工手册 /029

任务1 土石方施工 /030
1.1 原地基处理 /032
1.2 填方路基施工 /040
1.3 挖方路基施工 /049

任务2 防护支挡工程施工 /058
2.1 边坡防护工程施工 /060
2.2 冲刷防护工程施工 /066
2.3 挡土墙工程施工 /071

任务3 排水工程施工 /076
3.1 地表排水施工 /078

3.2　地下排水施工　/083

项目3　路面施工手册　/089

任务1　路面基层施工　/090
　　1.1　粒料类基层施工　/093
　　1.2　半刚性基层施工　/102

任务2　沥青路面施工　/117
　　2.1　沥青路面概述　/119
　　2.2　沥青路面原材料要求　/122
　　2.3　沥青路面施工　/127

任务3　水泥混凝土路面施工　/140
　　3.1　水泥混凝土路面概述　/143
　　3.2　水泥混凝土路面原材料要求　/147
　　3.3　水泥混凝土路面施工　/156

参考文献　/165

项目 1 道路基本知识及施工准备

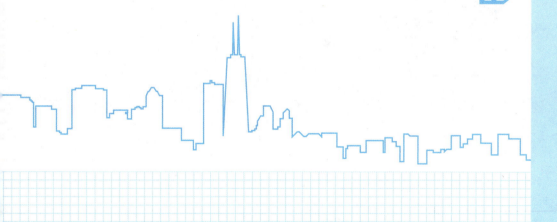

任务 1 道路基本知识

中国路

《周礼》把道路分为"国中"和"鄙（bǐ）野"，即市区和郊区，是现代城市道路和公路划分的先河。城市道路分为经、纬、环、野四种，南北之道谓经，东西之道谓纬。都城中有九经九纬，成棋盘形，围城为环，出城为野。经、纬、环、野有不同的宽度，其单位为轨，每轨宽八周尺，每周尺约为 0.2 m。经、纬宽九轨（约为 14.4 m），环宽七轨（约为 11.2 m），野宽五轨（约为 8 m）。

《周礼·地官·遂人》根据路面宽窄情况把郊外道路分为路、道、涂、畛、径五个等级，"径容牛马，畛容大车，涂容乘车一轨，道容二轨，路容三轨"。径最窄，路最宽。

学习目标

1. 了解公路与城市道路的分级与技术标准。
2. 了解路基土常见分类及工程性质。
3. 掌握根据道路等级查阅规范确认道路技术标准的方法。
4. 掌握路基填料要求。

案例任务

识读工程案例,完成任务。

任务:某道路项目工程概况如下。本项目路线起讫里程为 K22+340～K34+850,路线总长 12.51 km。主要工程量:大桥 9 座,中桥 4 座,小桥 3 座;分离式隧道 1 条,为花村岭隧道(左幅 617 m,右幅 716 m);通道及涵洞 49 条。本项目全线设计行车速度为 100 km/h,主线公路为双向六车道高速公路。整体式路基宽度为 33.5 m,路拱坡度为 2%。请查阅相关规范填写道路项目主要技术标准表(见表 1.1)。

表 1.1 某道路项目的主要技术标准表

序号	项目	规范值
1	公路等级	
2	设计速度/(km/h)	
3	路基宽度/m	
4	行车道宽/m	
5	中间带宽度/m	
6	硬路肩宽度/m	
7	土路肩宽度/m	
8	路拱横坡坡度/(%)	
9	平曲线极限最小半径/m	
10	平曲线一般最小半径/m	
11	不设超高最小半径/m	
12	平曲线间最小直线长度/m	
13	平曲线间最大直线长度/m	
14	停车视距/m	
15	最大纵坡坡度/(%)	
16	最短坡长/m	

任务知识点

(微课二维码)

1.1 道路分级与技术标准

1.1.1 公路的分级

按交通运输部颁布的《公路工程技术标准》(JTG B01—2014),公路根据交通量,以及其使用任务、性质分为5个等级。

(1) 高速公路为专供汽车分向、分车道行驶并应全部控制出入的多车道公路。高速公路的年平均日设计交通量宜在 15 000 辆小客车以上。

(2) 一级公路为供汽车分向、分车道行驶,可根据需要控制出入的多车道公路。一级公路的年平均日设计交通量宜在 15 000 辆小客车以上。

(3) 二级公路为供汽车行驶的双车道公路。二级公路的年平均日设计交通量宜为 5000~15 000 辆小客车。

(4) 三级公路为供汽车、非汽车混合行驶的双车道公路。三级公路的年平均日设计交通量宜为 2000~6000 辆小客车。

(5) 四级公路为供汽车、非汽车混合行驶的双车道或单车道公路。双车道四级公路的年平均日设计交通量宜在 2000 辆小客车以下;单车道四级公路的年平均日设计交通量宜在 400 辆小客车以下。

高速公路和一级公路的设计交通量预测年限为 20 年,二、三级公路的设计交通量预测年限为 15 年,四级公路可根据实际情况确定。设计交通量预测年限的起算年为该项目可行性研究报告中的计划通车年。

年平均日交通量指的是全年的日交通量观测结果的平均值。年平均日交通量(简写为AADT)是用一年内的交通量总数除以一年的总天数。交通量观测站原始记录整理表如表1.2所示。

表 1.2 交通量观测站原始记录整理表

路线代码:　　观测站名称:　　观测站桩号:　　观测时间:　　天气情况:

时序	车种								备注
	小型载货汽车(1)	中型载货汽车(1.5)	大型载货汽车(2)	小型客车(1)	大型客车(1.5)	载货拖挂车(2)	摩托车(0.5)	自行车(0.2)	
7~8									
8~9									
……									
合计									

单位负责人:　　　　　　　　审核人:　　　　　　　　填表人:

1.1.2 公路的技术标准

公路的技术标准是法定的技术准则,是公路线形和构造物的设计、施工在技术性能、几何尺寸等方面的具体规定,是根据汽车行驶性能、数量、荷载等方面的要求及设计、施工及使用的经验,经过调查研究和理论分析制定出来的,如表1.3所示。

表1.3 各级公路主要技术指标汇总

公路等级		高速公路			一级公路		二级公路		三级公路		四级公路	
设计速度/(km/h)		120	100	80	100	80	60	80	60	40	30	20
车道宽度/m		3.75	3.75	3.75	3.75	3.75	3.5	3.75	3.5	3.5	3.25	3
路基宽度/m	一般值	42/34.5/2	41/33.5/2	32/24.5	33.5/26	32/24.5	23	12	10	85	7.5	6.5/4.5
	极限值	40/—/25	38.5/—	—/21.5	—/23.5	—/21.5	20	10	8.5			
车道数		8/6/4	8/6/4	6/4	6/4	6/4	4	2	2	2	2	2或1
圆曲线最小半径/m	一般值	1000	700	400	700	400	200	400	200	100	65	30
	极限值	650	400	250	400	250	125	250	125	60	30	15
	不设超高最小半径 路拱≤2.0%	5500	4000	2500	4000	2500	1500	2500	1500	600	350	150
	路拱>2.0%	7500	5250	3350	5250	350	1900	3350	1900	800	450	200
凸形竖曲线半径/m	一般值	17 000	10 000	4500	10 000	4500	2000	4500	2000	700	400	200
	极限值	11 000	6500	3000	6500	3000	1400	3000	1400	450	250	100
凹形竖曲线半径/m	一般值	6000	4500	3000	4500	3000	1500	3000	1500	700	400	200
	极限值	4000	3000	2000	3000	2000	1000	2000	1000	450	250	100
竖曲线长度/m	一般值	250	210	170	210	170	120	170	120	90	60	50
	极限值	100	85	70	85	70	50	70	50	35	25	20
平曲线最小长度/m	一般值	600	500	400	500	400	300	400	300	200	150	100
	极限值	200	170	140	170	140	100	140	100	70	50	40
回旋曲线最小长度/m		100	85	70	85	70	50	70	50	35	25	20
最大纵坡坡度/(%)		3	4	5	4	5	6	6	7	8	9	
最小坡长/m		300	250	200	250	200	150	200	150	120	100	60
停车视距/m		210	160	110	160	110	75	110	75	40	30	20
会车视距/m								220	150	80	60	40
超车视距/m								550	350	200	150	100
汽车载荷等级		公路-Ⅰ级			公路-Ⅰ级		公路-Ⅱ级		公路-Ⅱ级		公路-Ⅰ级	

注:1.条件受限时,经技术论证,二级公路可采用40 km/h的设计车速。
2.条件受限时,经技术论证,最大纵坡坡度可增加1%(新建、改建均适用)。

1.1.3　城市道路的分类与分级

城市道路按在道路网中的地位、交通功能和对沿线的服务功能分为快速路、主干路、次干路和支路四个等级,如表 1.4 所示。

(1)快速路应中央分隔、全部控制出入、控制出入口间距及形式,应实现交通连续通行,单向设置不应少于两条车道并应设有配套的交通安全与管理设施。快速路两侧不应设置吸引大量车流、人流的公共建筑物的出入口。

(2)主干路应连接城市各主要分区,应以交通功能为主。主干路两侧不宜设置吸引大量车流、人流的公共建筑物的出入口。

(3)次干路应与主干路结合组成干路网,应以集散交通的功能为主,兼有服务功能。

(4)支路宜与次干路和居住区、工业区、交通设施等内部道路连接,应解决局部地区交通,以服务功能为主。

表 1.4　城市道路的分类和分级及主要技术指标

类别	级别	项目				
		设计车速/(km/h)	双向机动车道数/条	机动车道宽/m	分隔带设置	道路断面形式
快速路		80、60	≥4	3.75	必须设	双、四幅路
主干路	Ⅰ	60、50	≥4	3.75	应设	单、双、三、四幅路
	Ⅱ	50、40	2～4	3.75	应设	单、双、三幅路
	Ⅲ	40、30	2～4	3.5～3.75	可设	单、双、三幅路
次干路	Ⅰ	50、40	2～4	3.75	可设	单、双、三幅路
	Ⅱ	40、30	2～4	3.5～3.75	不设	单幅路
	Ⅲ	30、20	2	3.5	不设	单幅路
支路	Ⅰ	40、30	2	3.5～3.75	不设	单幅路
	Ⅱ	30、20	2	3.5	不设	单幅路
	Ⅲ	20	2	3.5	不设	单幅路

注:1. 设计车速在条件许可下,宜采用大值。
　　2. 改建道路应依据地形、地物限制、拆迁占地等具体困难选用表中适当等级。
　　3. 城市文化街、商业街可参照表中次干路及支路的技术指标。

1.2　道路结构层次划分

1.2.1　路基工作区

路基在工作过程中,同时受到由路面上传递下来的车辆荷载,以及路基和路面的自重作用。图 1.1 所示为土质路基受力时不同深度范围内的应力分布图。随着深度的增加,车辆荷载引起的垂直应力逐渐减小,路基土自重引起的垂直应力逐渐增大。

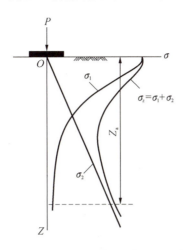

图 1.1　土质路基受力时不同深度范围内的应力分布图

在路基的某一深度 Z_a 处,当车轮荷载引起的垂直应力 σ_z 与路基土自重引起的垂直应力 σ_B 相比所占比例很小,仅为 1/5~1/10 时,该深度 Z_a 范围内的路基称为路基工作区。

根据路基工作区的概念,当路堤填筑高度 $H>Z_a$ [见图 1.2(a)],车辆荷载作用深度位于填筑高度内,路堤应按规定要求分层填筑与压实,Z_a 内尤其应注意填筑质量;对于 $H<Z_a$ [见图 1.2(b)]的矮路堤,不但要对填土充分压实,而且要保证工作区内原地面下部土层具有足够的强度和稳定性,采取必要的措施,使天然地基下部土层和路堤同时满足路基工作区的设计要求。

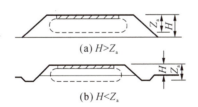

图 1.2　不同填筑高度的路堤

1.2.2　路基类型与构造

路基位于道路的下层,是按路线位置和一定技术要求修筑的带状构造物,是路面的基础。路基根据横断面的典型形式可分为路堤、路堑和半填半挖路基。路堤是指全部用岩土填筑的路基;路堑是指全部在天然地面开挖的路基;当天然地面横坡坡度较大,且路基较宽,需要一侧开挖而另一侧填筑时,为半填半挖路基,也称为填挖结合路基。

1. 路堤

根据路堤的填土高度不同,路堤可分为矮路堤、高路堤和一般路堤。填土高度小于 1.5 m 的路堤属于矮路堤;填土高度大于 18 m(土质)或 20 m(石质)的路堤属于高路堤;填土高度为 1.5~18 m 的路堤为普通路堤。根据所处的条件和加固类型不同,路堤还有浸水路堤、护脚路堤及挖沟填筑路堤等形式,如图 1.3 所示。

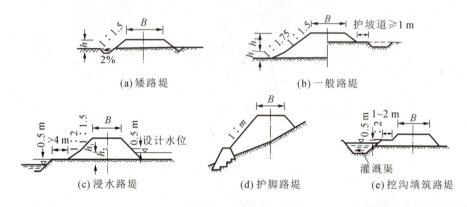

图 1.3 路堤的形式

根据公路路基设计规范,路面结构层以下 0.8 m 或 1.2 m 的路基部分称为路床,分为上路床和下路床,如图 1.4 所示。路床下的部分根据深度分为上路堤和下路堤。《公路路基施工技术规范》(JTG 3610—2019)对路床及路堤范围内的压实度做了不同的规定。

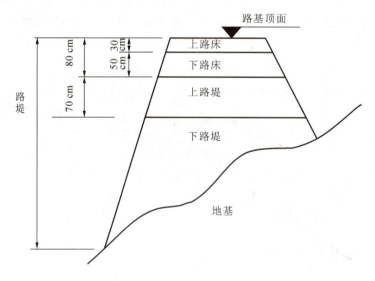

图 1.4 路堤结构形式

2. 路堑

路堑常见的形式有全挖式路基、台口式路基及半山洞路基,如图 1.5 所示。挖方边坡可视高度和岩土层情况设置成直线或折线。挖方边坡的坡脚处应设置边沟,以汇集和排除路基范围内的地表径流。路堑的上方应设置截水沟,以拦截和排除流向路基的地表径流。挖方弃土可堆放在路堑的下方。边坡坡面易风化时,在坡脚处设置0.5~1.0 m的碎落台,坡面可采用防护措施。

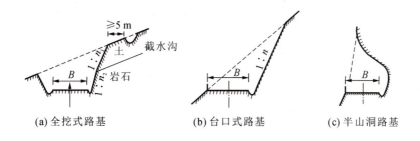

图1.5 路堑的形式

3. 半填半挖路基

图1.6所示为半填半挖路基的形式。位于山坡上的路基,通常取路中心的标高接近原地面的标高,以便减少土石方数量,保持土石方数量横向平衡,形成半填半挖路基。若处理得当,半填半挖路基稳定可靠,是比较经济的断面形式。

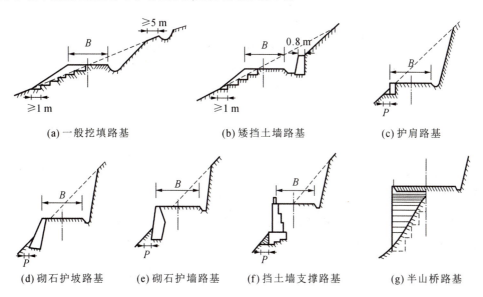

图1.6 半填半挖路基的形式

1.2.3 路面结构及分类

1. 路面横断面

路面是在路基顶面铺筑的面层结构,沿横断面方向由行车道、硬路肩和土路肩等组成。

路面横断面的形式随道路等级的不同而有所差别,通常分为槽式和全铺式两类,如图1.7所示。

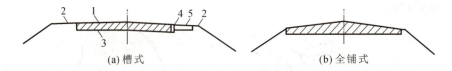

图1.7 路面横断面的形式

1—路面;2—土路肩;3—路基;4—路缘石;5—加固路肩

路面标准横断面图如图1.8所示。

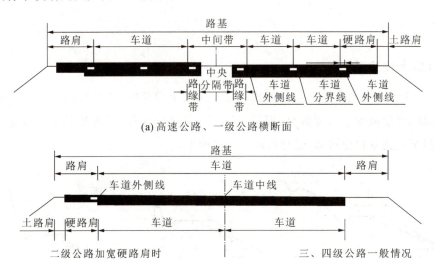

图1.8 路面标准横断面图

2.路面结构分层

行车荷载和自然因素对路面的影响随深度的增加而逐渐减弱。因此,对路面材料的强度、刚度及稳定性等要求也可随深度而逐渐降低。为适应这个特点,路面结构通常遵循按深度递减的原则采用不同的材料分层铺筑。路面一般由上至下分为三层,分别为面层、基层和垫层,各层又可分为2~3层(见图1.9)。

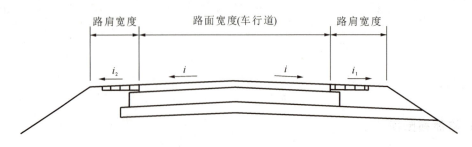

图1.9 路面结构图

1）面层

面层是直接与行车和自然因素接触的表面层次，其主要作用是承受行车荷载引起的垂直力、水平力、冲击力以及自然因素的作用。面层应具有较高的结构强度、平整、耐磨、抗滑，同时应密实、不透水且有良好的温度稳定性。

修筑面层所用的材料主要有水泥混凝土、沥青混凝土、沥青碎(砾)石混合料等。

2）基层

基层主要承受由面层传来的车辆荷载的垂直力并将其扩散到下面的垫层和土基，它是路面结构中的承重层，应具有足够的强度和刚度且具有良好的扩散应力的能力。基层仍然有可能经受地下水和通过面层渗入的雨水的侵蚀，所以基层还应具有足够的水稳定性。基层表面虽不直接供车辆行驶，但仍然要求有较好的平整度，这是保证面层平整度的基本条件。

基层主要由半刚性材料(石灰土、水泥、砂砾等)和砾石材料做成。基层太厚时，为保证工程质量，基层可分为两层或三层铺筑。当采用不同材料修筑基层时，基层的最下层称为底基层。底基层对材料质量的要求较低，可使用当地材料。

3）垫层

垫层介于土基与基层之间，它一方面的功能是改善土基的湿度和温度状况，即隔离路基土中水的上冒或防止路面下的冰冻深度深入土基引起春融翻浆，从而保证面层和基层的强度、刚度和稳定性不受土基水温状况变化的不良影响。垫层的另一方面的功能是将基层传递的车辆荷载应力进行扩散，以减小土基产生的应力和变形，同时阻止路基土挤入基层影响基层结构的性能。

修筑垫层的材料，强度要求不一定高，但水稳定性和隔热性能要好。常用的垫层材料分为两类：一类是由松散粒料(如砂、砾石、炉渣等)组成的透水型垫层；另一类是用水泥或石灰稳定土等修筑的稳定型垫层。

1.3 路基土分类及工程性质

1.3.1 路基土分类

我国公路用土依据土的颗粒组成特征、土的塑性指标和土中有机质的情况，分为巨粒土、粗粒土、细粒土和特殊土4类，如图1.10所示。土的颗粒组成特征用不同粒径粒组在土中的百分含量表示。表1.5所示为粒组划分界限及范围。

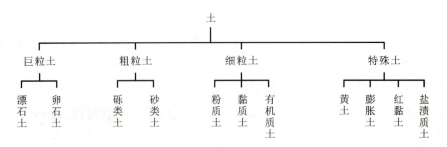

图 1.10　土的分类总体系

表 1.5　粒组划分界限及范围

粒径/mm	>200	60~200	20~60	5~20	2~5	0.5~2	0.25~0.5	0.075~0.25	0.002~0.075	≤0.002
组别	巨粒组		粗粒组						细粒组	
分类	漂石（块石）	卵石（小块石）	砾（角砾）			砂			粉粒	黏粒
			粗	中	细	粗	中	细		

公路用土分类的基本代号如表 1.6 所示。

表 1.6　公路用土分类的基本代号

土类	巨粒土		粗粒土		细粒土		有机土	
成分代号	漂石	B	砾	G	粉土	M	有机质土	O
	块石	Ba	角砾	Ga	黏土	C		
	卵石	Cb	砂	S	细粒土（C 和 M 合称）	F		
	小块石	Cb$_a$			粗细粒土合称	SI		
级配和液限高低代号	级配良好					W		
	级配不良					P		
	高液限					H		
	低液限					L		

1.3.2　各类土的工程性质

不同类别的公路用土具有不同的工程性质。在选择路基填筑材料，以及修筑稳定土路面结构层时，应根据不同的土采取不同的工程技术措施。

巨粒土包括漂石（块石）和卵石（小块石），有很高的强度和稳定性，是良好的填筑路基的材料，也可用于砌筑边坡。

级配良好的砾石混合料的密实程度好，强度和稳定性均能满足要求，除了填筑路基之外，可以用于铺筑中级路面，适当处理后可以铺筑高级路面的基层、底基层。

砂性土无塑性,透水性强,毛细上升高度小,具有较大的内摩擦系数,强度、水稳定性均好,但砂性土黏结性小,松散,压实困难。经充分压实的砂土路基的压缩变形小,稳定性好。

为了加强压实和提高稳定性,我们可以采用振动法压实,并可掺加少量黏土,以改善级配。

砂性土含有一定数量的粗颗粒,又含有一定数量的细颗粒,级配适宜,强度、稳定性等都能满足要求,是理想的路基填筑材料。细粒土质砂土的粒径组成接近最佳级配,遇水不黏着、不膨胀,雨天不泥泞,晴天不扬尘,便于施工。

粉性土含有较多粉土颗粒,干时虽有黏性,但易破碎,浸水时容易成为流动状态。粉性土的毛细作用强烈,毛细上升高度大(可达 1.5 m),在季节性冰冻地区容易造成冻胀、翻浆等病害。粉性土属于不良的公路用土,必须用粉性土填筑路基时应采取技术措施改良土质,并加强排水、采取隔离水等措施。

黏性土的细颗粒含量多,土的内摩擦系数小、黏聚力大,透水性小、吸水能力强,毛细现象显著,有较强的可塑性。黏性土干燥时较坚硬,施工时不易破碎,浸湿后能长期保持水分、不易挥发,因此承载力小。黏性土如在适当含水量时充分压实并设置良好的排水设施,筑成的路基也能获得稳定。

重黏土的工程性质与黏性土相似,但其含黏土矿物成分不同时,性质有很大差别。黏土矿物主要包括蒙脱土、高岭土、伊利土。蒙脱土主要分布在东北地区,其塑性大,吸湿后膨胀强烈,干燥时收缩大,透水性极低,压缩性大,抗剪强度低。高岭土分布在南方地区,其塑性较低,有较高的抗剪强度和透水性,吸水和膨胀量较小。伊利土分布在华中和华北地区,其性质介于上述两者之间。重黏土不透水,黏聚力特强,塑性很大,干燥时很坚硬,施工时难以挖掘与破碎。

总之,作为路基建筑材料,砂性土最优,黏性土次之,粉性土属不良材料(最容易引起路基病害)。重黏土,特别是蒙脱土也是不良的路基土。此外,还有一些特殊土类,如有特殊结构的土(黄土)、含有机质的土(腐殖土)及含易溶盐的土(盐渍土)等,填筑路基时必须采取相应技术措施。

1.3.3 路基水温状况及干湿类型

1. 路基湿度

路基的强度与稳定性在很大程度上与路基的湿度及大气温度影响的路基的水温状况有密切的关系。路基在使用过程中,受到各种外界因素的影响,使湿度发生变化。影响路基的湿度的水源可分为以下几个方面。

(1) 大气降水。大气降水通过路面、路肩边坡和边沟渗入路基。

(2) 地面水。边沟的流水、地表径流因排水不良形成积水,渗入路基。

(3) 地下水。路基下面一定范围内的地下水浸入路基。

(4) 毛细水。路基下的地下水,通过毛细管作用,上升到路基。

(5) 水蒸气凝结水。在土的空隙中流动的水蒸气,遇冷凝结成水。

(6) 薄膜移动水。在土的结构中,水以薄膜的形式从含水量较高处向较低处流动,或由温度较高处向冻结中心周围流动。

上述各种导致路基湿度变化的水源的影响程度随当地自然条件、气候特点以及采取的工程措施等的变化而不同。

路基湿度除了受水的来源的影响外,还受当地大地温度的影响。湿度与温度变化对路基产生的共同影响称为路基的水温状况。沿路基深度出现较大的温度梯度时,水分在温差的影响下以液态或气态由热处向冷处移动,并积聚在该处,产生冻胀和翻浆的病害,这种现象在季节性冰冻地区尤为严重。

2. 路基干湿类型

路基按其干湿状态不同,分为干燥、中湿、潮湿和过湿 4 类,如表 1.7 所示。为了保证路基路面结构的稳定性,路基应处于干燥或中湿状态。过湿状态的路基必须处理后方可铺筑路面。

确定路基的干湿类型需要在现场进行勘查,原有公路按不利季节路槽底面以下 80 cm 深度内土的平均稠度确定。

表 1.7 路基干湿类型

路基干湿类型	路基平均稠度 $\bar{\omega}_c$ 与分界相对稠度的关系	一般特性
干燥	$\bar{\omega}_c \geq \omega_{c1}$	路基干燥稳定,路面强度和稳定性不受地下水和地表积水影响,路基高度满足 $H > H_1$
中湿	$\omega_{c1} > \bar{\omega}_c \geq \omega_{c2}$	路基上部土层处于地下水或地表积水影响的过渡带内,路基高度满足 $H_2 \leq H < H_1$
潮湿	$\omega_{c2} > \bar{\omega}_c \geq \omega_{c3}$	路基上部土层处于地下水或地表积水毛细影响区内,路基高度满足 $H_3 \leq H < H_2$
过湿	$\bar{\omega}_c < \omega_{c3}$	路基极不稳定、冰冻区春融翻浆,非冰冻区弹性,路基处理后方可铺筑路面,路基高度满足 $H < H_3$

对于新建公路,路基尚未建成,无法按上述方法现场勘查路基的湿度状况,可以用路基临界高度作为判别标准。在路基的地下水位或地表积水水位一定的情况下,路基湿度由下至上逐渐减小,如图 1.11 所示。

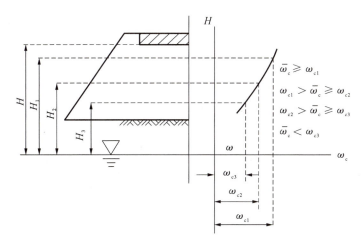

图 1.11 路基临界高度与干湿类型

课后巩固

单项选择题

1.【2019年公路二级建造师】路基填土高度小于路面和路床总厚度时,基底应按设计要求处理。如对地基表层土进行超挖、分层回填压实,其处理深度不应小于( )。
   A. 重型汽车荷载作用的工作区深度　　B. 路床总厚度
   C. 路堤和路床总厚度　　　　　　　　D. 天然地下承载深度

2. 路床指路面底面以下 80 cm 范围内的路基部分,上路床指路面以下深( )cm,下路床指路面以下深( )cm。
   A. 0~30,30~80　　B. 0~50,50~80　　C. 0~20,20~80　　D. 0~15,15~80

3. 季节性冰冻地区,由于水的积聚,易产生的路基病害是( )。
   A. 崩塌　　　　　　B. 冻胀　　　　　　C. 碎落　　　　　　D. 沉陷

4. 路基干湿类型分为( )。
   A. 干燥、潮湿、过湿　　　　　　　　B. 干燥、中湿、潮湿
   C. 干燥、较湿、潮湿、过湿　　　　　D. 干燥、中湿、潮湿、过湿

5. 对于新建公路,可用( )判断路基干湿类型。
   A. 平均稠度法　　B. 临界高度法　　C. 平均含水量法　　D. 以上都可以

6. 用以下几类工路填筑材料时,基本工程性质由好到差的正确排列是( )。
   A. 砂性土—粉性土—黏性土　　　　　B. 砂性土—黏性土—粉性土
   C. 粉性土—黏性土—砂性土　　　　　D. 黏性土—砂性土—粉性土

任务 2 道路施工准备

中国路

秦始皇三十五年（公元前 212 年），为阻止和防范匈奴贵族的侵扰，秦始皇令大将蒙恬率 30 万大军用两年时间修筑了南起陕西林光宫，北至今内蒙古包头九原郡的一条南北长达 700 多千米的军事通道——秦直道。秦直道是由咸阳通往北境阴山最近的道路，大体南北相直，故称"直道"。关于建造秦直道的目的有多种说法，其中较为流行的说法包括"为了出巡便利""作为运兵通道"和"作为交通路线"等。该工程由蒙恬负责，由于该路线地形复杂、道路险峻，工程进展缓慢。直至蒙恬于秦始皇三十七年（公元前 210 年）被赐死时，秦直道尚未完全修通。秦二世即位后继续兴建秦直道，但史料并未记载秦直道的建成时间，也没有记载秦直道的具体路线。秦朝的军队在这条平均宽度为 30 m 的宽阔大道上，只需三天三夜时间，就能从咸阳疾驰到河套地区的前线。由于有了这条"高速公路"，很长一段时间，匈奴不敢南下牧马，士不敢张弓抱怨。秦朝灭亡后，秦直道至隋唐时期依然继续提供交通服务。有观点认为昭君出塞时所走的路线即为秦直道。

清朝年间，秦直道逐渐荒废，失去了交通干道的作用。但秦直道依然是很多地方的干道。秦直道子午岭主脊凤子梁路段，从修建后一直到抗战年代，都是关中棉花北山的重要通道，直通陕甘宁边区，为抗日前线输送了大量物资。

秦直道在 20 世纪被重新发现时，很多地方寸草不生，大部分地方杂草不过膝盖，重要的地方未被高大树木湮没。千年之后，还能有此质量，足以彰显古人之智慧。

《汉书》有云："为驰道于天下，东穷燕齐，南极吴楚，江湖之上，濒海之观毕至。道广五十步，三丈而树，厚筑其外，隐以金椎，树以青松。"

项目1 道路基本知识及施工准备

学习目标

1. 了解道路施工前的准备工作内容。
2. 了解道路施工常见施工机械种类。
3. 掌握道路施工机械的适用条件。

案例任务

识读工程案例,完成任务。

任务1:某施工单位承建西北某二级公路,起讫桩号为 K0+000～K4+213,如图1.12所示。该地区全年平均气温为16.2 ℃,每年1~2月份昼夜平均温度在-5 ℃以下的连续天数约55天。施工单位编制了实施性施工组织设计,拟定了A、B、C、D四个弃土场。

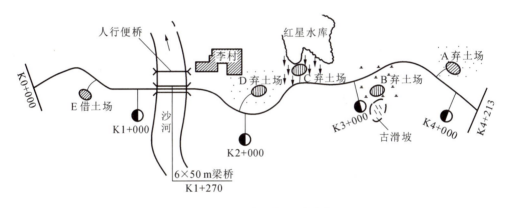

图 1.12 西北某二级公路路线

识读公路施工平面布置图,回答下列问题:

1. 该路线总长为_____ m。
2. 说明放弃B、C弃土场的理由。

_____

_____

_____

任务2:某新建一级公路工程第二标段里程桩号为 K15+300～K24+150。K22+750～K22+900 为一座大桥,上部结构为预制箱梁。

新建一级公路施工现场总平面布置示意图如图1.13所示。现场需在A、B、C三个区域分别布置桥梁梁板预制场(含水泥混凝土拌和站)、水泥稳定土拌和站和承包人驻地三种临时工程。

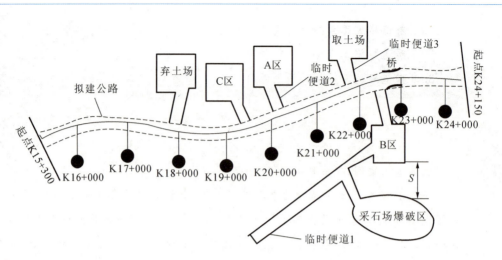

图 1.13 新建一级公路施工现场总平面布置示意图

识读公路施工现场总平面布置示意图,回答下列问题:

1. S 至少应为_____ m。

2. 依据施工方便、合理、安全、经济、环保等施工现场总平面图布置原则,A、B、C 区分别布置哪种临时工程最合理?

_____
_____
_____

任务知识点

(微课二维码)

2.1 施工准备

施工单位接受施工任务后,可着手进行施工前的准备工作。工程开工前,必须有合理的施工准备期。施工准备工作应有计划、有步骤、分阶段地贯穿整个工程项目的施工过程。随着工程的施工,在各分部工程、分项工程、工序工程施工之前,施工人员都要做好施工准备工作。

路基施工前的准备工作是保证路基施工顺利实施的基本前提,如果施工前的准备工作经监理工程师审核后未达到合同规定的要求,不批准开工。

施工准备工作内容包括组织准备、物资准备、技术准备和现场准备4个方面。

1. 组织准备

在施工之前,应建立一个健全、灵活、运转自如、高效的施工组织管理机构,制订施工管理制度,明确分工,落实责任。

项目经理根据本工程的实际情况组织项目机构并成立项目经理部,实行项目经理负责制,对公司和项目全面负责。项目经理部一般设置工程技术部、安全质量部、计划合约部、设备物资部、办公室和财务部六个职能部门,如图1.14所示。职能部门设置和人员的配备应适应工作的需要。管理层下设各专业作业队,即作业层;作业队下设作业班组。

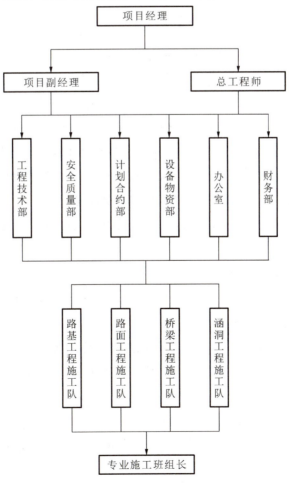

图 1.14 项目部组织机构图

根据工程规模的不同,各机构也可能有不同之处。各部门配备的专业人员应按职称、能力形成梯队。所需人数视工程规模、艰难程度而定,路桥专业技术人员一般按每人管理3～5 km配置,高速公路和一级公路专业技术人员按每人管理1 km配置。

2. 物资准备

物资准备包括修建、置办生产生活临时设施,配置施工机械设备和试验设备,建筑材料的采集、调配、运输和储存等。

1) 修建、置办生产生活临时设施

① 施工现场应设有临时房屋,包括经理部办公室、监理工程师办公室、会议室、宿舍、食堂、机房、实验室及材料库等,可根据工程具体情况及周围环境临时建设或租赁。

驻地选址原则:满足安全、实用、环保的要求,以工作方便为原则,具备便利的交通条件和通电、通水、通信条件;用地合法,周围无塌方、滑坡、落石、泥石流、洪涝等自然灾害隐患;无高频、高压电源及油、气、化工等其他污染源;离集中爆破区500 m以外;不得占用独立大桥下部空间、河道、互通匝道区,以及规划的取、弃土场;进场前按照施工、安全和环保的要求进行现场查勘,编制选址方案。

② 根据需要设置一个或多个生产场地,包括构件预制场、钢筋加工场、木工场、搅拌站、水池、材料堆放场、停车场、维修场、油库、发电机房等。

预制场地选址原则:以方便、合理、安全、经济、环保及满足工期为原则,结合施工合同段所属预制梁板的尺寸、数量、架设要求以及运输条件等情况进行综合选址;用地合法,周围无塌方、滑坡、落石、泥石流、洪涝等地质灾害;无高频、高压电源及其他污染源;离集中爆破区500 m以外;不得占用规划的取、弃土场;原则上不宜设在主线征地范围内;若确实存在用地困难等特殊情况需要将预制场设于主线征地范围内时,应报项目建设单位审批。

③ 修建施工便道、生产生活水电设施及消防安全设施。

④ 根据工程规模及经理部机构情况,置办办公设备,包括通信设施、交通工具、电脑、复印机及资料柜等日常办公用品。

2) 配置施工机械设备和试验设备

① 土石方机械:常用的有推土机、铲运机、平地机、挖掘机、装载机、凿岩机、松土器、爆破器材、空气压缩机及自卸汽车等。

② 压实机械:常用的有光轮压路机、振动压路机、轮胎压路机、羊角碾及夯击设备等。

③ 路面施工设备:拌和设备、摊铺机械、精光机及纹理制作机等。

④ 试验设备:击实试验仪、马歇尔试验仪、各种材料检测及强度检验仪等。

3) 建筑材料的采集、调配、运输和储存

① 根据设计图纸及工程进度要求,确定所需各种材料的种类、规格和数量,制订各种材料的需求计划。

② 根据材料需求计划,编制材料的采购、调配及运输计划。在运输计划中,要选择运输

方式、确定运输能力。

③ 做好各种材料的进场质量检验、数量核对及存放保管等工作。

3. 技术准备

1）调查研究、收集自然和社会技术经济资料

混凝土拌和站
施工现场

① 收集自然条件资料，包括地形、地貌、地质、水文地质及气象资料。了解自然条件是为编制施工组织设计提供翔实的资料，防范不利因素，利用有利条件，实现科学组织，确保合理施工。

② 收集当地技术经济条件资料，包括地方建筑工业和企业的分布状况、地方资源情况、交通运输条件、水电供应条件、劳动力资源情况、生活设施情况及设备租赁前景等。调查当地技术经济条件是为了在充分了解当地各种经济因素的基础上，合理制订施工现场平面规划并在施工过程中充分利用其中的有利因素。

2）熟悉、审查设计资料

① 审查图纸：审查图纸是否正确、完整且符合国家有关的技术政策、规范、标准及批准的设计文件精神，审查设计条件与现场实际情况是否一致。

② 理解设计意图：熟悉设计图纸，深入理解设计意图，特别要对设计中考虑的施工方法进行认真研究。对设计中的矛盾和不妥之处，做好记录。

③ 图纸会审及技术交底：施工单位负责人应参加由建设单位组织的图纸会审及技术交底会议，进一步理解设计内容，并向设计单位提出设计中存在的问题，提出改进和处理建议。设计单位在认真分析研究之后，应做出决定或之后及时予以答复。施工单位负责人应把会议精神向本单位有关人员传达。

3）编制施工组织设计

施工组织设计是施工准备阶段的主要内容。施工单位应根据设计文件要求、当地自然条件、社会经济条件及工程本身的特点编制施工组织设计。

4）编制施工预算及资金筹措计划

施工预算是施工单位以单位工程为对象，根据施工图纸和施工定额等资料编制的计划文件，主要作为控制材料消耗和成本支出的依据。施工预算是施工准备阶段的一项重要内容，应在开工前编制完成。及时筹措资金是工程施工得以顺利进行的经济保障。资金筹措可通过扩大再生产、动员预付款、银行信贷、股份制及公司自筹等措施来完成。

5）试验路段

对二级及二级以上公路路堤、填石路堤、土石路堤、特殊地段路堤、特殊填料路堤，以及拟采用新技术、新工艺、新材料的路基进行试验路段施工。选择具有代表性的地段，路段长度不宜小于 200 m。

路堤试验路段施工总结宜包括下列内容：

① 填料试验、检测报告等。

② 压实工艺主要参数，包括机械组合、压实机械规格、松铺厚度、碾压遍数、碾压速度、最佳含水率及碾压时含水率范围等。

③ 过程工艺控制方法。

④ 质量控制标准。

⑤ 施工组织方案及工艺的优化。

⑥ 原始记录、过程记录。

⑦ 对施工图的修改建议等。

⑧ 安全保障措施。

⑨ 环保措施。

4. 现场准备

（1）测量放样：恢复中桩，路基放样，划定路基填挖边界桩，复测中桩高程及横断面。

（2）现场调查：调查施工现场各种既有建筑物和设施，及时采取措施消除潜在不利因素的影响，保证施工连续进行。

（3）调查取土场与弃土场：调查其位置、品质、数量和权属，为保证工程质量、加快工程进度提供有利条件。

（4）复核工程量：根据现场实测结果计算工程量并与设计文件比较；如果发现二者相差较大，应申请设计变更。

（5）排水：建设临时排水设施，保证施工不受水害影响；根据设计要求，结合施工期间的排水要求，建设永久排水系统。

2.2 常见施工机械

2.2.1 土方机械

1. 推土机

推土机装有推土铲刀，主要对土石方或散状物料进行切削或短距离搬运。

推土机的生产能力主要根据发动机功率确定，用于公路施工的推土机分为中型（59～118 kW）、大型（118～235 kW）和特大型（大于 235 kW）三种。

推土机一般适用于季节性较强、工程量集中、施工条件较差的施工环境，主要用于 50～100 m 短距离作业，如路基修筑、基坑开挖、平整场地、清除树、推集石渣等，可为铲运机与挖装机械松土、助铲及牵引各种拖式工作装置。

2. 铲运机

铲运机是以带铲刀的铲斗为工作部件的铲土移动运输机械,其铲斗在前后行驶装置之间,其工作方式为循环作业式,由铲土、运土和回驶三部分组成。铲运机主要根据铲斗容积确定生产能力,一般按铲斗容积分为小型(小于 5 m³)、中型(5～15 m³)、大型(15～30 m³)和特大型(大于30 m³)四种。小型和中型的合理运距为 100～350 m;大型和特大型的合理运距为 800～1500 m。

常见施工机械

铲运机主要用于中距离的大规模土方转运工程。铲运机广泛用于公路与铁路建设,铲运机应在Ⅰ、Ⅱ级土中施工,如遇Ⅲ、Ⅳ级土应先松土。在土的湿度方面,铲运机最适宜在湿度较小(含水量在25%以下)的松散砂土和黏土中施工,但不适宜在干燥的粉砂土和潮湿的黏土中作业,更不宜在地下水位高的潮湿地区、沼泽地带以及岩石类地区作业。

3. 装载机

装载机是以铲斗为工作部件的装载移动机械,它主要用来铲、装、卸、运散装物料,也可对岩石、硬土进行轻度铲掘作业、短距离转运工作。在较长距离的物料转运工作中,它往往与运输车辆配合,以提高工作效率。

装载机生产能力主要根据其发动机功率确定,也可按铲斗容量确定。

在公路,特别是高等级公路施工中,装载机主要用于工程的填挖,沥青和水泥混凝土料场的集料、装料等作业。

4. 挖掘机

挖掘机主要用于土石方的挖掘、装载,包括单斗挖掘机和多斗挖掘机,生产能力主要按斗容量确定。筑路一般使用单斗挖掘机,斗容量一般在 2 m³ 以下,也有斗容量为 2～6 m³ 的。

单斗挖掘机适宜挖掘Ⅰ～Ⅳ级土及爆破后的Ⅴ～Ⅵ级岩石。剥离型单斗挖掘机有履带式和步行式,履带式为正铲工作装置,可开挖Ⅰ～Ⅳ级土壤;步行式的工作装置为拉铲,适宜在松软、沼泽地面工作。在公路工程施工中,遇到开挖量较大的路堑和填筑高路堤等大工程,选用挖掘机配合运输车辆组织施工比较合理。

5. 平地机

平地机是一种铲土、运土、卸土同时进行的连续作业机械。

平地机的生产能力按刮刀长度和发动机功率确定,分别为轻型(刮刀长度小于 3 m,发动机功率为 44～66 kW)、中型(刮刀长度为 3～3.7 m,发动机功率为 66～110 kW)、重型(刮刀长度为 3.7～4.2 m,发动机功率为 110～220 kW)。

平地机主要用于路基、砂砾路面的整平及土方工程中场地整形和平地作业,也可用于修整路基的横断面、修刮路堤和路堑的边坡、开挖边沟和路槽等,还可用来在路基上拌和稳定土或其他路面材料、摊铺材料,修整和养护土路,松土,回填,清除杂草和积雪等。

2.2.2 石方机械

1. 凿岩机械

凿岩机械有凿岩机和钻孔机。凿岩机械及风动工具是通常所称的石方机械(也包括石料破碎及筛分设备),主要用于石方工程。凿岩机是石质隧道和石料开采等石方工程钻炮眼的主要工具,还可以改作破坏器,用于破碎原有混凝土之类的坚硬层。公路机械化施工中,气动凿岩机和空气压缩机为必配的设备,是石方工程施工的关键设备,主要用于在硬岩上钻凿炮孔。风动工具有空气压缩机、风动凿岩机(风镐、风钻、射钉枪)和风动扳手等。凿岩机械及风动工具按钻孔直径和速度确定生产能力。

2. 破碎及筛分机械

1) 破碎机械

破碎机械按结构特征可分为颚式破碎机、锥式破碎机、反击式破碎机和辊式破碎机等。

破碎机械的生产能力按每小时产量来确定,根据工程量来配置。最先进的颚式破碎机的生产能力可达 2000 t/h,锥式破碎机的最大生产能力已达 4000 t/h。

颚式破碎机是利用活动颚板相对固定颚板的往复摆动对石块进行破碎的机械,可用于粗碎和中碎。

锥式破碎机是利用一个置于固定锥孔内的偏心旋转锥体的转动,使石块受挤压碾磨和弯折等作用而破碎的机械,可用于中碎和细碎。锤式破碎机是利用破碎锤的冲击作用来破碎石块的。

反击式破碎机利用高速旋转的转子上的板锤,对送入破碎腔的物料产生高速冲击并使其破碎,将已破碎的物料沿切线方向以高速抛向破碎腔另一端的反击板再次破碎,然后使物料从反击板反弹到板锤,继续重复上述过程。这种破碎机可用于粗碎、中碎和细碎。

辊式破碎机常用双辊式破碎机,由两个直径相等的辊圈平行支承,相向旋转,从而在两个辊圈间形成破碎腔,使物料在两辊间受到剪切而破碎,可用于中碎和细碎。

2) 筛分机械

筛分机械有干式和湿式两种。筛分机械是将已经破碎的石料或者直接取自采料场的砂砾石,按颗粒大小分成不同的级别以供选用的机械。

2.2.3 压实机械

1. 压实机械分类和生产能力

压实机械按压实作用原理分为静作用碾压机械、振动式碾压机械和夯实机械三种类型。

(1) 静作用碾压机械包括各种型号的光轮压路机、轮胎压路机(简称轮胎碾)、羊足压路机(简称羊足碾)、凸块压路机(简称凸块碾)及各种拖式压滚等。

静作用碾压机械按工作质量和振动冲击质量来确定生产能力。静作用碾压机械按工作质量分为轻型、中型、重型和超重型,主要有2Y6/8与2Y8/10型二轮轴式压路机和3Y10/12A与3Y12/15A型三轮轴式压路机。轮胎压路机最常用的工作质量为16～45 t,拖式压滚的最大工作质量可达200 t。

(2) 振动式碾压机械(简称振动碾)包括拖式和自行振动式。

① 单钢轮振动压路机的工作质量多为10～25 t或30～50 t级,随着高速公路的发展,大吨位的振动压路机被广泛使用。

② 双钢轮振动压路机的工作质量主要有轻型(2～4 t)、中型(5～8 t)和重型(10～14 t)三类。

(3) 夯实机械主要用于夯实土壤。夯实机械又分为冲击夯实和振动夯实两类。

① 冲击式打夯机可以夯实厚度为1～1.5 m或更厚的土壤,按其打击能量分为轻型(0.8～1 kJ)、中型(1～10 kJ)、重型(10～50 kJ)三类。

② 振动打夯机按质量分为轻型(小于2 t)、中型(2～4 t)和重型(4～8 t)。

2. 压实机械的适用范围

(1) 光轮压路机适用于压实非黏土、碎石、沥青混凝土及沥青混凝土铺层,如表1.8所示。

表1.8 光轮压路机按质量的应用范围表

按重量分类	加载后质量/t	单位线压力/kg	应用范围
特轻型	0.5～2	800～2000	压实人行道和修补沥青类路面
轻型	2～5	2000～4000	压实人行道、沥青表处层、公园小道、体育场和土路基
中型	5～10	4000～6000	压实路面,砾石、碎石基层,沥青混合料层
重型	10～15	6000～8000	砾石、碎石类基层,沥青混合料层的终压作业
特重型	15～20	8000～12 000	压实大块石填筑的路基和碎石结构层

(2) 羊足压路机或凸块压路机既可压实非黏土,又可压实含水量不大的黏土和细粒砂砾石混合料。静作用碾压机械应用范围表如表1.9所示。

(3) 单钢轮振动压路机主要用于各种材料的基础层、次基础层及填方的压实作业。

(4) 双钢轮振动压路机主要用于高等级公路、机场、停车场及工业性场院等工程施工中的沥青混凝土、水泥混凝土等面层的压实,也适用于大型基础、次基础及路堤填方的压实。

(5) 轮胎压路机主要用于各种材料的基础层、次基础层、填方及沥青面层的压实作业。

(6) 静碾钢轮压路机主要用于各种材料的基础层及面层的压实作业。

表 1.9 静作用碾压机械应用范围表

质量和形式	块石	砂砾石		粉土、粉质土、冰碛土		黏土	
		优良级配	均匀粒级	粉质砂、粉质砾石、冰碛土	粉土、砂质粉土	低、中强黏粉土	高强度黏土
3 t 以下光轮压路机		△	△	△	△		
3～5 t 光轮压路机		●	●	△	△	△	
5～10 t 光轮压路机	△	●	●	●	△	△	△
10～15 t 光轮压路机	●	●	●	●	△	△	△
凸块压路机			△	△	●	●	●
羊足压路机			△	△	△	●	●

注：●表示适用，△表示可用。

2.2.4 路面机械

1.沥青混凝土搅拌设备

（1）沥青混凝土搅拌设备分为间歇式和连续滚筒式。间歇式搅拌机又分为强制式和自落式。

沥青混合料拌和

强制式就是搅拌机的搅拌叶强制将物料拌和均匀；自落式是将物料提升到一定高度后让它自由下落，达到拌和的目的。

强制间歇式搅拌设备的特点是冷矿料的烘干、加热与热沥青的拌和在不同的设备中进行；连续滚筒式搅拌设备的特点是冷矿料的烘干、加热与热沥青的拌和在同一滚筒内连续进行。

按我国目前规范要求，高等级公路建设应使用强制间歇式搅拌设备，连续滚筒式搅拌设备用于普通公路建设。

（2）沥青混合料拌和设备的生产能力按每小时拌和成品料的数量确定。主要有小型（40 t/h 以下）、中型（40～350 t/h）和大型（400 t/h 以上）三种。间歇式搅拌设备的生产能力最高达 700 t/h，连续滚筒式搅拌设备的生产能力最高达 1200 t/h。

2.沥青混凝土摊铺机

沥青混凝土摊铺机可按行走方式分为自行式和拖式两种，自行式摊铺机又可分为履带式、轮胎式及复合式三种。

1）生产能力

沥青混合料摊铺机的生产能力是以其最大摊铺宽度确定的，一般按摊铺宽度分为小型（3～4 m）、中型（4～6 m）、大型（6～10 m）和超大型（10～12 m）四类。

2)适用范围

最大摊铺宽度小于 4 m 的摊铺机主要用于路面养护和城市街道路面修筑工程;最大摊铺宽度为 4～6 m 的摊铺机主要用于一般公路路面的修筑和养护;最大摊铺宽度为 6～10 m 的摊铺机主要用于高等级公路路面工程;最大摊铺宽度大于 10 m 的摊铺机主要用于业主有要求的高速公路路面施工。

3. 水泥混凝土搅拌设备

水泥混凝土搅拌设备分为水泥混凝土搅拌机和水泥混凝土搅拌站(楼)两大类。水泥混凝土搅拌机按其结构形式可分为鼓筒式、双锥反转出料式和强制式三种。强制式搅拌设备可拌制低塑性混凝土,适用于水泥混凝土路面工程等。

1)生产能力

其生产能力按小时成品量和自动化程度分为小型(30 m^3/h 以下)、中型(60～100 m^2/h)和大型(100～200 m^2/h)三种。

2)适用范围

大型搅拌设备主要用于预拌混凝土厂和制品厂;中型搅拌设备主要在中、小型建筑工程和道路工程现场使用;小型搅拌设备主要用于零散浇筑混凝土的简易式单机站。

4. 石屑撒布机、粉料撒布机

(1)石屑撒布机分为拖式、悬挂式和自行式,是撒布石屑的专用机械,由斗容积确定一次性生产能力,适用于层铺法铺筑沥青路面。

(2)粉料撒布机由设备装载质量决定生产能力,一般多为 5～6 t,撒布宽度小于 3 m,撒布厚度小于 80 mm,适用于道路稳定土路拌施工中撒布粉料。

5. 稳定土厂拌设备、稳定土拌和机

稳定土厂拌设备分为移动式、固定式等结构形式,按生产能力分为小型(200 t/h 以下)、中型(200～400 t/h)、大型(400～600 t/h)和特大型(600 t/h 以上)四种,广泛用于公路和城市道路的基层、底基层施工。移动式厂拌设备多用于工程分散、频繁移动的公路施工工程;固定式厂拌设备适用于城市道路施工或工程量大且集中的施工工程。稳定土拌和机的生产能力由拌和宽度、深度和工作行进速度决定,一般的拌和宽度为 2100 mm,拌和深度为 100～485 mm,工作行进速度小于 1.5 km/h,主要适用于路拌法施工。

6. 沥青场(站)设备、工程运输车辆

(1)沥青场(站)设备主要有沥青储存设备、沥青加热设备和沥青脱桶装置,主要用于沥青储存和加热。储存罐一般为 1000 m^3 以下,保温层厚度不低于 50 mm;沥青脱桶装置的生产率为 3～10 t/h,其功用是将沥青储仓或储罐中的固态沥青加热,使其熔化、脱水并达到要求的温度,供拌和或洒布之用。

（2）工程运输车辆是运送工程材料的运输车辆，有如下几种。

① 大型平板拖拉车。大型平板拖拉车主要运送大型或大宗工程材料和工程机械设备。

② 倾翻式运输车。倾翻式运输车主要运送工程建筑材料，有自卸能力，靠车斗的倾翻（后倾或侧倾）将车厢的物料自行卸出。

③ 粉料运输车。粉料运输车以运送粉状物料（水泥粉或粉石灰）为服务对象，配备粉料抽送泵，能将粉料抽入料箱和将粉料从料箱中送出去。

④ 沥青运输车。沥青的流动性是直接受温度影响的，沥青运输车通常有良好的保温能力，且在罐内设有加温装置。

⑤ 洒水车和沥青洒布车。这两种车辆是液体运输、洒布车辆，都有贮罐和喷洒装置。不同之处在于沥青洒布车的罐内安装了加热装置，洒水车不需要安装。它们都安装有液体泵送装置，沥青洒布车安装的是沥青泵，洒水车安装的是普通水泵。

课后巩固

一、单项选择题

1. 编制施工组织设计属于准备工作当中的（　　）。
   A. 组织准备　　　　　　　　B. 物质准备
   C. 技术准备　　　　　　　　D. 施工现场准备

2. 为保证砂性土的压实效果，较好的压实机具是（　　）。
   A. 碾压式　　B. 静力式　　C. 振动式　　D. 运土汽车

3. 在公路施工中，（　　）用来做路基精平。
   A. 压路机　　B. 推土机　　C. 平地机　　D. 铲运机

4. 压路机中光面碾的优点不包括（　　）。
   A. 压实的深度较浅
   B. 作用在土层上的单位压力小
   C. 压实表面极为光滑
   D. 上下压实均匀

5. 公路包括（　　）级技术交底。
   A. 二　　B. 三　　C. 四　　D. 五

二、思考题

什么样的工程需要在施工前预先铺筑试验路段？

项目 2 路基施工手册

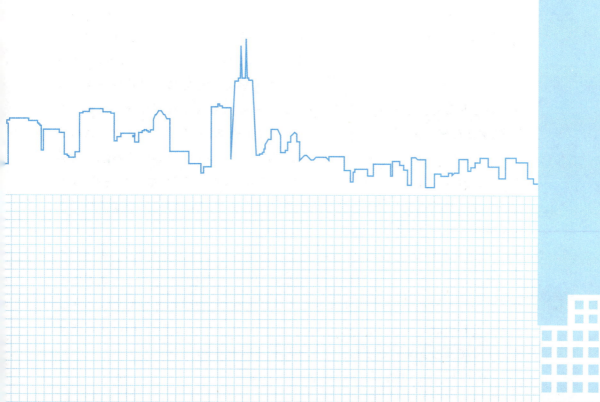

任务 1 土石方施工

中国路

唐朝是我国古代道路发展的极盛时期。当时,京城长安不仅有水路运河与东部地区相通,而且是国内与国际的陆路交通的枢纽,已经成为世界上的大都市之一。唐朝长安城墙的规模是空前的,周长为 36.7 km,南北长 8651 m,东西宽 9721 m,近似一个正方形。城内有 11 条南北大街,14 条东西大街,把全城划分为 100 多个整齐的坊市。皇城中间的南北大街称为承天门大街,宽 441 m,视野开阔。连接 12 座城门的大街有六条,其中朱雀大街是盛唐时期长安城的一条贯穿南北的重要大街。它是中轴线,宽 147 m,把长安城划为东西两部分。路面用砖铺成,道路两侧有排水沟和行道树,布置井然,气度宏伟,不但为中国以后的城市道路建设树立了榜样,而且影响远及日本。各条大街车水马龙,熙熙攘攘,非常热闹。街道两侧多植树,加上错落其间的清池溪水、众多的园林、盛开的牡丹,使整个城市非常整齐美观。出了长安城,向东、向南、向西、向北的道路构成了四通八达的陆路交通网,通向全国各地。

《新唐书》卷43下《地理志七下》纪录当时唐朝有 7 条交通路线,相当于现在的高速公路主干道。据《元和郡县图志》记载,唐朝长安通往全国的主要道路有东行可至洛阳的两京驿道、向东北可以通往幽州的驿道,向西北可以直到安西都护府和北庭都护府的驿道(进而抵达中亚)、向西南可以前往成都的驿道(可以抵达唐帝国最南端的安南)、向东南可以抵达江都等地的驿道。

《新唐书》记载:乃置骑传送,走数十里,味未变已至京师。

学习目标

1. 了解路基施工前一般地基及软土地基的处理方法。
2. 掌握填方路基施工流程、要点及质量检验标准。
3. 掌握挖方路基施工流程、要点及质量检验标准。

案例任务

识读工程案例,完成任务。

任务:某二级公路工程施工合同段,包含两段路基(K6+000～K6+460、K6+920～K8+325)和一条隧道(K6+460～K6+920),两段路基中既有挖方也有填方。施工单位采用挖掘机开挖路基挖方段土方,开挖时采用横挖法自上而下分台阶进行,直接挖至设计边坡线并避免超欠挖。开挖时每层台阶高度控制为3～4 m,并在台阶面设置2%纵横坡以避免雨季积水。

根据施工组织设计要求,部分路基填筑利用隧道洞渣作为路基填料,一般路段采用分层填筑方法施工。土石方分层填筑施工工艺流程如图2.1所示。

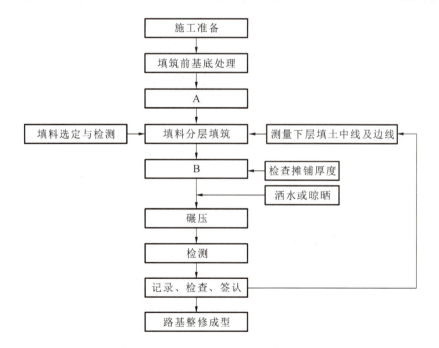

图2.1　土石方分层填筑施工工艺流程

隧道进口端路堤,土石料填筑(其中粒径大于40 mm的石料超过80%)采用水平分层填筑方法施工,层厚控制为400 mm,路堤与路床的填料粒径控制不超过层厚,不均匀系数控制为15～20。隧道出口端路堤地势低洼,土石料填筑(其中粒径大于 40 mm 的石料占 55％）采用倾填方法施工。

回答下列问题。

1. 指出路基土方开挖的错误做法并说明理由。

2. 写出图 2.1 中 A 和 B 的名称。

3. 指出隧道进口端与出口端路堤填筑中的错误做法并改正。

4. 路基填筑前，"摊铺厚度"指标应通过什么方法确定？图 2.1 中，"洒水或晾晒"的目的是什么？

任务知识点

（微课二维码）

1.1　原地基处理

1.1.1　一般地基处理

（1）地基表层碾压处理压实度控制标准：二级及二级以上公路一般土质应不小于 90％；三、四级公路应不小于 85％。低路堤应对地基表层土进行超挖、分层回填压实，处理深度应不小于路床厚度。

（2）原地面坑、洞、穴等，应在清除沉积物后，用合格填料分层回填、分层压实，压实度应符合第（1）条的规定。对可能存在空洞隐患的，应结合具体情况采取相应的处置措施。

（3）泉眼或露头地下水处应按设计要求采取有效导排措施将地下水引离后方可填筑

路堤。

(4) 地基为耕地、松散土质、水稻田、湖塘、软土、过湿土等时,应按设计要求进行处理,局部软弹的部分应采取有效的处理措施。

(5) 陡坡地段、填挖结合部、土石混合地段、高填方地段地基等应按设计要求进行处理。

(6) 地下水位较高时,应按设计要求进行处理。

(7) 特殊地段路基应先核对地勘资料,确定设计资料与实际的符合性、处理方法的适用性,必要时重新补勘地质、水文资料,根据结果重新确定处理方案。

1.1.2 软土地基处理

软土地基指天然含水率过大、胀缩性高、具有湿陷性、承载力低,在荷载作用下容易产生滑动或固结沉降的土质地基,如软土、泥沼、湿陷性黄土、膨胀土、海(湖)沉积土地基等。公路路基通过湿软地基时,可能因承载能力不足产生各种破坏。故对于湿软地基,应采取必要的、可靠的措施将地基加固。

软土可按表 2.1 进行鉴别。当表中部分指标无法获取时,可以天然孔隙比和天然含水率两项指标为基础,采用综合分析的方法进行鉴别。

表 2.1 软土鉴别指标表

特征指标名称	天然含水率/(%)	天然孔隙比	快剪内摩擦角	十字板抗剪强度/kPa	静力触探锥尖阻力/MPa	压缩系数
黏质土、有机质土	≥35	≥液限	≥1.0	宜小于5°	宜小于35	宜小于0.75	宜大于0.5
粉质土	≥30		≥0.9	宜小于8°			宜大于0.3

软土地基处置前,应了解工程地质、地下管线、构造物等情况,进行必要的土工试验,复核设计处置方案的可行性,编制专项施工方案。

软土地基的处理方法主要有垫层和浅层处理、排水固结法、挤密法、加固土桩、强夯等方法。

1. 垫层和浅层处理

垫层和浅层处理适用于表层软土厚度小于 3 m 的浅层软弱地基处理。

(1) 垫层类型按材料可分为碎石垫层、砂砾垫层、矿渣垫层、粉煤灰垫层以及灰土垫层等。

砂砾、碎石垫层宜采用级配好的中砂、粗砂、砂砾或碎石,含泥量应不大于 5%,最大粒径宜小于 50 mm。垫层宜分层铺筑、压实;垫层应水平铺筑;当地形有起伏时应开挖台阶,台阶宽度宜为 0.5~1 m。垫层应宽出路基坡脚 0.5~1 m,两侧宜用片石护砌或采用其他方式防护。砂垫层厚度及其上铺设的反滤层应满足设计要求,如表 2.2 所示。

(2)浅层处理可采用换填垫层、抛石挤淤等方法。

换填垫层:采用人工、机械或爆破等方法,将基底一定深度范围内的湿软土层挖除,换以强度大、稳定性好的砂砾、碎石、石灰土、素土等,并分层压实至规定的密实度。

抛石挤淤:从中部向两侧抛投一定数量的碎石,将淤泥挤出路基范围,以提高路基强度。抛石挤淤的施工要点如下。

① 应采用不易风化的片石、块石,石料直径宜不小于 300 mm。

② 当软土地层平坦,横坡缓于 1∶10 时,应沿路线中线向前成等腰三角形抛填,渐次向两侧对称抛填至全宽,将淤泥挤向两侧;当横坡陡于 1∶10 时,应自高侧向低侧渐次抛填并在低侧边部多抛投形成不小于 2 m 宽的平台。

③ 抛石高出水面后,应采用重型机具碾压密实。

表 2.2 砂垫层施工质量标准

项次	检查项目	规定值或允许偏差	检查方法和频率
1	砂垫层厚度	不小于设计值	尺量:每 200 m 测 2 点且不少于 5 点
2	砂垫层宽度	不小于设计值	尺量:每 200 m 测 2 点且不少于 5 点
3	反滤层设置	满足设计要求	尺量:每 200 m 测 2 点且不少于 5 点
4	压实度/(%)	>90	密度法:每 200 m 测 2 点且不少于 5 点

2.排水固结法

排水固结法适用于深度大于 3 m 的软土地基处理,即在湿软地基中设置垂直排水井,运用堆载预压或真空预压挤出土中过多水,加速土体固结,挤密土颗粒,提高土体抗剪强度。

排水固结法包括排水系统和加压系统。排水系统包括竖向排水系统和水平排水系统,竖向排水系统有砂井、袋装砂井、塑料排水板等,水平排水系统主要为砂垫层。加压系统包括堆载预压、真空预压。

1)袋装砂井

原理:用透水型土工织物长袋装砂砾石,设置在软土地基中形成排水砂柱,以加速软土排水固结。

(1)施工流程。

整平原地面→摊铺下层砂垫层→机具定位→打入套管→沉入砂袋→拔出套管→机具移位→埋砂袋头→摊铺上层砂垫层。

(2)施工要点。

① 砂井中的砂宜采用中、粗砂,大于 0.5 mm 颗粒的含量宜大于 50%,含泥量应小于 3%,渗透系数应大于 $5×10^2$ mm/s。砂袋的渗透系数应不小于砂的渗透系数。

② 套管起拔时应垂直起吊,防止带出或损坏砂袋;带出或损坏砂袋时,应在原孔位边缘重打。

③ 砂袋在孔口外的长度应不小于 300 mm,应顺直伸入砂砾垫层。

(3) 施工质量标准。

袋装砂井、塑料排水板施工质量标准如表 2.3 所示。

2) 塑料排水板

原理:插板机将塑料排水板插入软土地基,在上部预压荷载作用下,软土地基中空隙水由塑料排水板排到上部铺垫的砂层或水平塑料排水管中,由其他地方排出,加速软基固结。

(1) 施工流程。

整平原地面→摊铺下层砂垫层→机具就位→塑料排水板穿靴→插入套管→拔出套管→割断塑料排水板→机具移位→摊铺上层砂垫层。

(2) 施工要点。

① 塑料排水板技术指标应满足设计要求,露天堆放时应遮盖。

② 施工中应防止泥土等杂物进入套管。

③ 塑料排水板不得搭接,预留长度应不小于 500 mm,应及时弯折埋设于砂垫层中。

(3) 施工质量标准。

袋装砂井、塑料排水板施工质量标准如表 2.3 所示。

表 2.3 袋装砂井、塑料排水板施工质量标准

项次	检查项目	规定值或允许偏差	检查方法和频率
1	井(板)距/mm	±150	抽查 2% 且不少于 5 点
2	井(板)长/mm	≥设计值	查施工记录
3	井径/mm	+10,0	挖验 2% 且不少于 5 点
4	灌砂率/(%)	-5	查施工记录

3) 堆载预压

原理:在软土地基上施加一定静载,加速软土中孔隙水的排出,使地基得以加固,从而使其承载力提高。

施工要点如下。

① 可选用等载预压和超载预压:根据软土性质及工期要求等,可灵活地采取等载预压法或超载预压法。前者的填土高度与路堤设计值相同,可避免卸载之烦;后者的填土高度大于设计值,加固地基后要卸载。

② 保持地基稳定:本法施工以不损伤支承荷载的地基稳定为宜,难以保证稳定或加载重量很大时,应考虑与竖向排水法或慢速加载法并用。

③ 可与竖向排水法联合使用：联合使用时，填土加载前，修筑路拱，有利于砂垫层横向排水。

④ 修筑边沟，保持排水畅通：控制好沟底标高，使其畅通，确保地下水或雨水进入边沟后顺利排入河流或其他排水道。

⑤ 动态观测：由于沉降时间关系一般是难以预测的，在施工时应进行全面的动态观测，随时注意防止地基破坏，根据所获得的观测资料，确定卸载后的残余沉降量和卸荷时间。

4) 真空预压

原理：在需要加固的软土地基表面先铺设砂垫层，然后埋设垂直排水管道，再用不透气的封闭膜使其与大气隔绝，在密封膜端部进行埋压处理，通过砂垫层内埋设的吸水管道，使用真空泵或其他真空手段抽真空，使其形成膜下负压，增加地基的有效应力。

(1) 施工要点。

① 密封膜应采用抗老化性能好、韧性好、抗穿刺能力强的不透气材料。

② 密封膜连接宜采用热合黏结缝平搭接，搭接宽度应不小于 15 mm。

③ 滤管应不透砂。滤管距泥面、砂垫层顶面的距离均应大于 50 mm。滤管周围应采用砂填实，不得架空、漏填。

④ 密封膜的周边应埋入密封沟。密封沟的宽度宜为 0.6~0.8 m，深度宜为 1.2~1.5 m。

⑤ 真空表测头应埋设于砂垫层中间，每块加固区应不少于 2 个真空度测点。

⑥ 真空预压施工应按排水系统施工、抽真空系统施工、密封系统施工及抽气的顺序进行。

⑦ 采用真空堆载联合预压时，应先抽真空，当真空压力达到设计要求并稳定后，进行堆载并继续抽气。堆载时应在膜上铺设土工布等保护材料。

(2) 施工监测。

① 预压过程中，应进行膜下真空度、孔隙水压力、表面沉降、深层沉降及水平位移等预压参数的监测。膜下真空度每隔 4 h 测一次，表面沉降每 2 d 测一次。

② 当连续五昼夜实测地面沉降小于 0.5 mm/d，地基固结度已达到设计要求的 80% 时，经验收，即可终止抽真空。

③ 停泵卸荷后 24 h，应测量地表回弹值。

3. 挤密法

挤密法是指软基成孔后，将砂、碎石、灰土或水泥粉煤灰碎石（CFG）等材料填入孔内并分层压实，形成直径较大的桩体，桩体同原地基一起形成复合地基，达到加固地基的作用。

1) 粒料桩

(1) 施工流程。

振冲置换法:整平地面→振冲器就位对中→成孔→清孔→加料振密→关机停水→振冲器移位。

振动沉管法:桩机进场→振孔器就位→振动挤土成孔→倒入碎石→重复振捣碎石→制桩至孔口→移位至下一点。

(2) 施工要点。

① 砂桩宜采用中、粗砂,粒径大于 0.5 mm 颗粒宜占总重的 50% 以上,含泥量应小于 3%,渗透系数应大于 $5×10^2$ mm/s;也可使用砂砾混合料,含泥量应小于 5%。

② 碎石桩宜采用级配好、不易风化碎石或砾石,最大粒径宜不大于 50 mm,含泥量应小于 5%。

③ 施工前应进行成桩工艺和成桩挤密试验。

④ 粒料桩可采用振冲置换法或振动沉管法;宜从中间向外围或间隔跳打;邻近结构物施工时,应沿背离结构物的方向施工。

(3) 施工质量标准。

粒料桩施工质量标准如表 2.4 所示。

表 2.4 粒料桩施工质量标准

项次	检查项目	规定值或允许偏差	检查方法和频率
1	桩距/mm	±150	抽查 2% 且不少于 5 点
2	桩长	≥设计值	查施工记录
3	桩径	≥设计值	抽查 2%
4	粒料灌入率	≥设计值	查施工记录
5	地基承载力	满足设计要求	抽查桩数的 0.1% 且不少于 3 处

2) 水泥粉煤灰碎石桩

原理:由水泥、粉煤灰、碎石、石屑和砂加水拌和形成的高黏结强度的桩,和桩间土、垫层一起形成复合地基。

(1) 施工流程。

施工准备→钻机定位→混合料搅拌→钻进成孔→灌注及拔管→移机→桩头处理。

(2) 施工要点。

① 集料可采用碎石或砾石。泵送混合料时砾石最大粒径宜不大于 25 mm,碎石最大粒径宜不大于 20 mm;振动沉管灌注混合料时,集料最大粒径宜不大于 50 mm。水泥宜选用 32.5 级普通硅酸盐水泥。粉煤灰宜选用Ⅱ、Ⅲ级粉煤灰。

② 施工前应进行成桩试验,成桩试验需要确定施工工艺、速度、投料数量和质量

标准。

③ 群桩施工,应合理设计打桩顺序、控制打桩速度;宜采用隔桩跳打的打桩顺序,相邻桩打桩间隔时间应不小于 7 d。

(3) 施工质量标准。

水泥粉煤灰碎石桩施工质量标准如表 2.5 所示。

表 2.5　水泥粉煤灰碎石桩施工质量标准

项次	检查项目	规定值或允许偏差	检查方法和频率
1	桩距/mm	±100	尺量:抽查桩数的 2% 且不少于 5 点
2	桩径	≥设计值	尺量:抽查桩数的 2% 且不少于 5 点
3	桩长	≥设计值	查施工记录
4	强度	≥设计值	取芯法:抽查桩数的 0.5% 且不少于 3 根
5	复合地基承载力	≥设计值	抽查桩数的 0.1% 且不少于 3 处

4. 加固土桩

原理:以水泥、石灰、粉煤灰等材料作为固化剂的主剂,利用深层搅拌机械和原位软土进行强制搅拌,经过物理化学作用生成一种特殊的具有较高强度、较好变形特性和水稳性的混合柱状体。

(1) 施工流程。

场地清理→测量放样→钻头准确就位→钻孔→喷射固化剂→钻头提升→桩头养护→质量检验。

(2) 施工要点。

① 加固土桩的固化剂宜采用生石灰或水泥。生石灰应采用磨细 1 级生石灰,应无杂质,最大粒径应小于 2 mm。水泥宜采用强度等级不低于 32.5 级的普通硅酸盐水泥。

② 加固土桩施工前应进行成桩试验,桩数宜不少于 5 根,应取得满足设计喷入量的各种技术参数,如钻进速度、提升速度、搅拌速度、喷气压力、单位时间喷入量等;应确定能保证胶结料与加固软土拌和均匀性的工艺;掌握下钻和提升的阻力情况,选择合理的技术措施;根据地层、地质情况确定复喷范围。

③ 施工中发现喷粉量或喷浆量不足,应整桩复打,复打的量应不小于设计用量。中断施工时,应及时记录深度并在 12 小时内进行复打,复打重叠长度应大于 1 m;超过 12 小时,应采取补桩措施。

(3) 施工质量标准。

加固土桩施工质量标准如表 2.6 所示。

表 2.6 加固土桩施工质量标准

项次	检查项目	规定值或允许偏差	检查方法和频率
1	桩距/mm	±100	尺量:抽查桩数的 2% 且不少于 5 点
2	桩径	≥设计值	尺量:抽查桩数的 2% 且不少于 5 点
3	桩长	≥设计值	查施工记录
4	单桩每延米喷粉(浆)量	≥设计值	查施工记录
5	强度	≥设计值	取芯法:抽查桩数的 0.5% 且不少于 3 根
6	地基承载力	满足设计要求	抽查桩数的 0.1%,且不少于 3 处

5. 强夯

原理:将很重的夯锤从高处自由落下,给土体以冲击和振动,使土体强制压缩、振密、排水固结和预压变形,从而使土颗粒趋于更加稳固状态,以达到地基加固的目的。

(1) 施工流程。

夯点放线定位→测量夯点高程→夯机就位→测量夯前锤顶高程→起吊夯锤→夯锤自由下落→记录→下一夯点夯击→完成一遍→整平→重复夯实流程→最后一遍满夯。

(2) 施工要点。

① 应采取隔振、防振措施消除强夯对邻近建筑物的有害影响。

② 施工前应选择有代表性并不小于 500 m² 的路段进行试夯,确定最佳夯击能、间歇时间、夯间距等参数。

③ 夯点可采用正方形或等边三角形布置,间距宜为 5~7 m;在强夯能级不变的条件下,宜采用重锤、低落距。

④ 强夯施工前应在地表铺设一定厚度的垫层;强夯施工垫层材料宜采用透水性好的砂、砂砾、石屑、碎石土等,强夯置换施工垫层材料宜与桩体材料相同;垫层宜分层摊铺压实。

⑤ 施工前应检查锤重和落距,单击夯击能量应满足设计要求。

(3) 施工质量标准。

强夯施工结束 30 d 后,应通过标准贯入、静力触探等原位测试,测量地基的夯后承载能力是否达到设计要求。

1.2 填方路基施工

1.2.1 填土路基施工

基底处理

路基填料的选择

1. 基底处理

根据原地表不同情况,采用一般地基处理或软土地基处理。

2. 路基填料要求

(1)路基宜选用级配好的砾类土、砂类土等粗粒土作为填料。

(2)含草皮、生活垃圾、树根、腐殖质的土严禁作为填料。

(3)泥炭土、淤泥、冻土、强膨胀土、有机质土及易溶盐超过允许含量的土等,不得直接用于填筑路基;确需使用时,应采取技术措施进行处理,经检验满足要求后方可使用。

(4)粉质土不宜直接用于填筑二级及二级以上公路的路床,不得直接用于填筑冰冻地区的路床及浸水部分的路堤。

(5)路基填料最小承载比和最大粒径应符合表 2.7 所示的要求。

表 2.7 路基填料最小承载比和最大粒径要求

填筑应用部位(路面底面以下深度)/m			填料最小承载比			填料最大粒径/mm
			高速公路、一级公路	二级公路	三、四级公路	
填方路基	上路床		0~0.30	8	6	5	100
	下路床	轻、中及重交通	0.30~0.80	5	4	3	100
		特重、极重交通	0.30~1.20				
	上路堤	轻、中及重交通	0.8~1.5	4	3	3	150
		特重、极重交通	1.2~1.9				
	下路堤	轻、中及重交通	>1.5	3	2	2	150
		特重、极重交通	>1.9				
零填及挖方路基	上路床		0~0.30	8	6	5	100
	下路床	轻、中及重交通	0.30~0.80	5	4	3	100
		特重、极重交通	0.30~1.20				

注:1.承载比是根据路基不同填筑部位压实标准的要求,按现行《公路土工试验规程》(JTG 3430—2020)试验方法规定浸水 96 h 确定的 CBR。

2.三、四级公路铺筑沥青混凝土和水泥混凝土路面时,应采用二级公路的规定。

3.上、下路堤填料最大粒径150 mm 的规定不适用于填石路堤和土石路堤。

3. 施工方法

土方路堤填筑常用推土机、铲运机、平地机、挖掘机、装载机等机械按以下几种方法作业,如图2.2所示。

1) 分层填筑法

分层填筑法可分为水平分层填筑法与纵向分层填筑法。

水平分层填筑法:填筑时按照横断面全宽分成水平层次,逐层向上填筑,是路基填筑的常用方法。

纵向分层填筑法:依路线纵坡方向分层,逐层向坡向填筑,宜用于推土机从路堑取土填筑距离较短的路堤。

2) 竖向填筑法

竖向填筑法指从路基一端或两端按横断面全部高度,逐步推进填筑,填土过厚时不易压实,仅用于无法自下而上填筑的深谷、陡坡、断岩、泥沼等机械无法进场的路堤。

竖向填筑因填土过厚不易压实,施工时需选用振动或夯击式压实机械、选用沉降量小及颗粒均匀的砂石材料、采取暂不修建高级路面等措施,一般要进行沉降量及稳定性测定。

3) 混合填筑法

混合填筑法指路堤下层用竖向填筑而上层用水平分层填筑,适用于因地形限制或填筑堤身较高,不宜采用水平分层填筑法或竖向填筑法自始至终进行填筑的情况,单机或多机作业均可,一般沿路线分段进行,每段距离以20~40 m为宜,多在地势平坦或两侧有可利用的山地土场的场合采用。

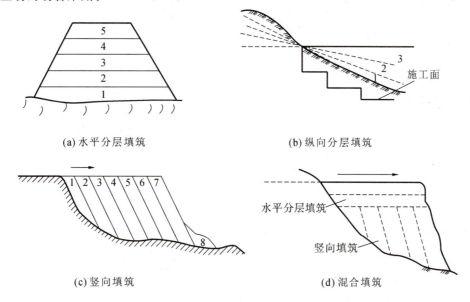

图 2.2 土方路堤填筑

4. 施工流程

路基填筑采用机械化施工。路堑开挖硬质岩石和取土场填料,采用装载机、挖掘机挖装,自卸汽车运输。推土机初平,平地机精平,压路机碾压。施工中按照"三阶段、四区段、八流程"的施工工艺组织施工,如图2.3所示。三阶段:施工准备阶段、施工阶段、整修验收阶段。四区段:填筑区、平整区、碾压区、检测区。八流程:施工准备、基底处理、分层填筑、摊铺整平、洒水晾晒、碾压夯实、检验签证、路基整修。

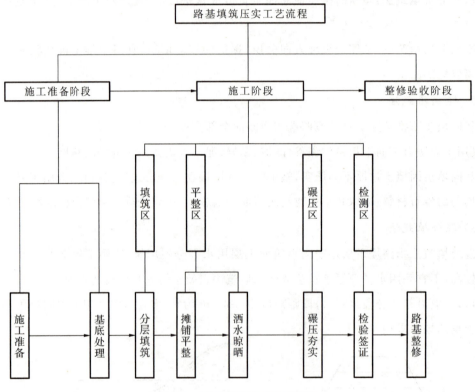

图2.3 路基填筑压实工艺流程

5. 施工要点

(1)性质不同的填料,应水平分层、分段填筑,分层压实。同一层路基应采用同一种填料,不得混合填筑。每种填料的填筑层压实后的连续厚度宜不小于500 mm。路基上部宜采用水稳性好或冻胀敏感性小的填料。有地下水的路段或浸水路堤,应填筑水稳性好的填料。

(2)在透水性差的压实层上填筑透水性好的填料前,应在其表面设2%~4%的双向横坡,并采取相应的防水措施。不得在用透水性好的填料填筑的路堤边坡上覆盖透水性差的填料。

(3)每种填料的松铺厚度应通过试验确定。

(4)每一填筑层压实后的宽度不得小于设计宽度。

(5)路堤填筑时,应从最低处起分层填筑,逐层压实。

（6）填方分几个作业段施工时，接头部位如不能交替填筑，先填路段应按 1∶1～1∶2 的坡度分层留台阶；如能交替填筑，应分层相互交替搭接，搭接长度应不小于 2 m。

土路堤填筑方案示意图如图 2.4 所示。

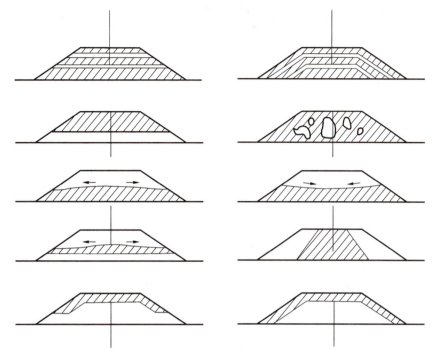

图 2.4　土路堤填筑方案示意图

6. 路基压实

密实度：固体颗粒排列的紧密程度，孔隙率和干密度是表征密实度的两个指标。

路基压实

干密度：空气中单位体积土的质量。土的密实度越大，其干密度也越大。

标准最大干密度：用标准击实试验方法，在最佳含水量条件下得到的干密度。

压实度：材料压实后的干密度与其标准最大干密度之比，用百分率表示。

1）影响路基压实的主要因素

（1）土的含水量。

试验结果表明，在一定压实功能的作用下，含水量不同，土的干密度也不同。在某一含水量下，干密度达到最大值，这个含水量就是最佳含水量。当土的含水量低于或超过最佳含水量时，土的干密度均不能达到最大值。

在大多数情况下，土在天然状态下的含水量很接近最佳含水量。这就要求施工时要对刚卸下来的土快速摊平压实。

（2）土质。

不同的土质，压实难易程度不同。非黏质土易压实，且其最佳含水量较低，最大干密度较大。黏质土、粉质土的压实效果较差,且最佳含水量偏高,最大干密度偏小。

(3) 压实功能。

压实功能是指碾压次数和荷重。压实功能对最佳含水量和密实度有影响。增加压实功能可降低最佳含水量,使最大干密度的值增加。但不能无限增加,过多地增加压实功能,可能造成土体承受的压力超过土的抗压极限强度,导致土体破坏。对路基土进行压实时,要控制压实功能,不能使土体发生破坏现象。

(4) 压实厚度。

相同压实条件下(土质、含水量与压实功能不变),实测土层不同深度的密实度得知,密实度随深度增大而递减,表层 5 cm 的密实度最高。不同压实工具的有效压实深度有所差异,根据压实工具类型、土质及压实的基本要求,路基分层压实的厚度有具体的规定数值。一般情况下,夯实不宜超过 20 cm;12～15 t 光轮压路机,不宜超过 25 cm;振动压路机或夯击机,宜以 50 cm 为限。确定实际施工时的压实厚度后,还应通过现场试验确定合适的摊铺厚度。

2) 压实质量控制

(1) 确定不同种类填土的最大干密度和最佳含水量:确定土的最佳含水量,碾压前填料含水量控制在最佳含水量±2%以内。如果含水量小,应加水;如果含水量大,应晾晒或掺加(换填)干土。

(2) 正确选择和使用压实机械:选择压实机械应考虑土质及其状态、压实工作面和机械特性。不同的压实机械对不同的土的压实效果不同。采用振动压路机时,第一遍静压,然后由弱振至强振进行振动压实。使用压路机应遵循先轻后重、先静压后振动碾压、先边缘后中间、超高路段等需要时先低后高、轮迹重叠等原则。压不到的边角,应辅以小型机具夯实。

(3) 分层填筑、分层碾压、分层检验:填筑一层,碾压一层。厚度要适宜:过厚,压实深度达不到底部;过薄,生产效率太低。对于细粒土,当厚度小于等于 250 mm 时,用 12～15 t 光轮压路机;当厚度大于 250 mm 且小于等于 600 mm 时,用 22～25 t 光轮压路机。施工中应保证每层填土平整,并设置横坡,控制好碾压遍数,达到要求的压实度。还应加强质量检查,填筑一层,检查一层,检验每一层的压实度,合格后方可填筑其上面的一层。

3) 压实度检测及压实度标准

由压实度的定义可知,压实度由土的最大干密度和压实后的干密度决定。对于同一种土样,土的最大干密度是基本固定的,因此,准确测量现场压实后土的密度对正确评定压实度是至关重要的。常用测量路基土密度的方法有环刀法、灌砂法及核子密度仪法。

施工过程中,每一压实层均应进行压实度检测,检测频率为每 1000 m^2 不少于 2 点;压实度检测可采用灌砂法、环刀法等方法,检测应符合现行《公路路基路面现场测试规程》(JTG 3450—2019)的有关规定。

土质路基压实度标准如表 2.8 所示。

表 2.8　土质路基压实度标准

填筑部位(路面底面以下深度)/m				压实度/(%)		
				高速公路、一级公路	二级公路	三、四级公路
填方路基	上路床		0～0.30	≥96	≥95	≥94
	下路床	轻、中及重交通	0.30～0.80	≥96	≥95	≥94
		特重、极重交通	0.30～1.20			
	上路堤	轻、中及重交通	0.8～1.5	≥94	≥94	≥93
		特重、极重交通	1.2～1.9			
	下路堤	轻、中及重交通	>1.5	≥93	≥92	≥90
		特重、极重交通	>1.9			
零填及挖方路基	上路床		0～0.30	≥96	≥95	≥94
	下路床	轻、中及重交通	0.30～0.80	≥96	≥95	
		特重、极重交通	0.30～1.20			

注：1.压实度以现行《公路土工试验规程》(JTG 3430—2020)重型击实试验法为准。
2.三、四级公路铺筑水泥混凝土路面或沥青混凝土路面时,其压实度应采用二级公路的规定值。
3.路基采用特殊填料或处于特殊气候地区时,压实度标准在保证路基强度要求的前提下根据试验路段和当地工程经验确定。
4.特殊干旱地区的压实度标准可降低2～3个百分点。

7.路堤施工质量标准

路堤填筑至设计标高并整修完成后,其施工质量应符合表2.9的规定。

土质路堤施工

表 2.9　土质路堤、土石路堤施工质量标准

序号	检查项目	规定值或允许偏差			检查方法和频率
		高速公路、一级公路	二级公路	三、四级公路	
1	压实度	符合规范规定	符合规范规定	符合规范规定	密度法:每200 m、每压实层测2处
2	弯沉(0.01 mm)	满足设计要求	满足设计要求	满足设计要求	
3	纵断高程/mm	+10,-15	+10,-20	+10,-20	水准仪:每200 m测2点
4	中线偏位/mm	50	100	100	全站仪:每200 m测2点,弯道加HY、YH两点
5	宽度	≥设计值	≥设计值	≥设计值	尺量:每200 m测4处
6	平整度/mm	≤15	≤20	≤20	3 m直尺:每200 m测2处×5尺
7	横坡坡度/(%)	±0.3	±0.5	±0.5	水准仪:每200 m测2个断面
8	边坡坡度	满足设计要求	满足设计要求	满足设计要求	每200 m测4点

1.2.2 填石路基

填石路基指用粒径大于 40 mm 且含量超过总质量 70%的石料填筑的路基。

1. 基底处理

(1) 承载力应满足设计要求。

(2) 在非岩石地基上,填筑填石路堤前,应按设计要求设过渡层。

2. 填料要求

(1) 硬质岩石、中硬岩石可用于路堤和路床填筑;软质岩石可用于路堤填筑,不得用于路床填筑;膨胀岩石、易溶性岩石和盐化岩石不得用于路基填筑。岩石分类如表 2.10 所示。

(2) 路基的浸水部位,应采用稳定性好、不易膨胀崩解的石料填筑。

(3) 路堤填料粒径应不大于 500 mm 且不宜超过层厚的 2/3。路床底面以下 400 mm 范围内,填料最大粒径不得大于 150 mm,其中粒径小于 5 mm 的细料的含量应不小于 30%。

表 2.10 岩石分类

岩石类型	单轴饱和抗压强度/MPa	代表性岩石
硬质岩石	≥60	花岗岩、闪长岩、玄武岩等岩浆岩类
中硬岩石	30~60	硅质、铁质胶结的砾岩及砂岩、石灰岩、白云岩等沉积岩类;片麻岩、石英岩、大理岩、板岩、片岩等变质岩类
软质岩石	5~30	凝灰岩等喷出岩类;泥砾岩、泥质砂岩、泥质页岩、泥岩等沉积岩类;云母片岩或千枚岩等变质岩类

3. 施工方法

二级及二级以上公路的填石路堤应分层填筑、分层压实,二级以下砂石路面公路在陡峻山坡地段施工特别困难时,可采用倾填的方式将石料填筑于路堤下部,但在路床底面以下不小于 1.0 m 范围内仍应分层填筑压实。

4. 施工流程

(1) 分层填筑压实。

基底处理→施工准备→运输→水平分层填筑→平整石方路基→压路机压实→下一层填筑→压路机压实合格。

(2) 倾填。

基底处理→施工准备→运输→现场倾填石方→平整石方路基→压路机压实→水平分层填筑→重型压路机压实合格。

5. 施工要点

（1）岩性相差大的填料应分层或分段填筑，软质石料与硬质石料不得混合使用。

（2）填石路堤顶面与细粒土填土层之间应填筑过渡层或铺设无纺土工布隔离层。

石质路堤填筑

（3）压实机械宜选用自重不小于 18 t 的振动压路机。

（4）填石路堤采用强夯、冲击压路机进行补压时，应避免对附近构造物造成影响。

（5）中硬、硬质石料填筑路堤时，应进行边坡码砌。码砌防护的石料强度、尺寸应满足设计要求。边坡码砌与路基填筑应基本同步进行。

（6）采用易风化岩石或软质岩石石料填筑时，应按设计要求采取边坡封闭和底部设置排水垫层、顶部设置防渗层等措施。

6. 质量标准

在施工过程中，每一压实层应采用试验路段确定的工艺流程、工艺参数控制，压实质量可采用沉降差指标进行检测；在施工过程中，每填高 3 m 宜检测路基中线和宽度。填石路堤压实和施工质量标准如表 2.11 和表 2.12 所示。

表 2.11　填石路堤压实质量标准

分区	路床顶面以下深度/m	硬质石料孔隙率/(%)	中硬石料孔隙率/(%)	软质石料孔隙率/(%)
上路堤	0.80~1.50	≤23	≤22	≤20
下路堤	>1.50	≤25	≤24	≤22

表 2.12　填石路堤施工质量标准

项次	检测项目		规定值或允许偏差		检查方法和频率
			高速公路、一级公路	其他公路	
1	压实		孔隙率满足设计要求		密度法：每 200 m，每压实层测 1 处
			沉降差≤试验路段确定的沉降差		精密水准仪：每 50 m 测一个断面，每个断面测 5 点
2	纵断高程/mm		+10，-20	+10，-30	水准仪：每 200 m 测 2 点
3	弯沉(0.01 m)		满足设计要求		
4	中线偏位/mm		≤50	≤100	全站仪：每 200 m 测 2 点，弯道加 HY、YH 两点
5	宽度		满足设计要求		尺量：每 200 m 测 4 处
6	平整度/mm		≤20	≤30	3 m 直尺：每 200 m 测 2 处×5 尺
7	横坡坡度/(%)		±0.3	±0.5	水准仪：每 200 m 测 2 个断面
8	边坡	坡度	满足设计要求		尺量：每 200 m 测 4 点
		平顺度	满足设计要求		

1.2.3　土石路堤混填

石料含量占总质量30%~70%的土石混合材料修筑的路堤称为土石路堤。

1. 填料要求

（1）膨胀岩石、易溶性岩石等不宜直接用于路基填筑，崩解性岩石和盐化岩石等不得用于路基填筑。

（2）天然土石混合填料中，中硬、硬质石料的最大粒径不得大于压实层厚的2/3；石料为强风化石料或软质石料时，其承载比应符合表2.7的规定，石料最大粒径不得大于压实层厚。

2. 施工方法

施工方法为分层填筑压实，不得倾填。

3. 施工要点

（1）压实机械宜选用自重不小于18 t的振动压路机。

（2）应使大粒径石料均匀分散在填料中，石料间孔隙应填充小粒径石料和土。

（3）土石混合料来自不同料场，其岩性或土石比例相差大时，宜分层或分段填筑。

（4）填料由土石混合材料变化为其他填料时，土石混合材料最后一层的压实厚度应小于300 mm，该层填料最大粒径宜小于150 mm，压实后表面应无孔洞。

（5）中硬、硬质石料填筑土石路堤时，宜进行边坡码砌，码砌与路堤填筑宜同步进行；软质石料土石路堤的边坡按土质路堤边坡处理。

（6）采用强夯、冲击压路机进行补压时，应避免对附近构造物造成影响。

4. 质量标准

施工过程质量控制应符合下列规定。

（1）中硬及硬质岩石的土石路堤填筑施工过程中每一压实层，应采用试验路段确定的工艺流程、工艺参数，压实质量可采用沉降差指标进行检测。

（2）软质石料的土石路堤填筑质量标准应符合表2.8的规定。

（3）施工过程中，每填筑3 m宜检测路线中线和宽度。

1.2.4　高路堤施工

（1）高路堤段应优先安排施工，宜预留1个雨季或6个月以上的沉降期。

（2）高路堤宜采用强度高、水稳性好的材料。路堤浸水部分应采用水稳性和透水性好的材料。

(3) 高路堤施工中应按设计要求预留高度与宽度,并进行动态监控。

(4) 高路堤宜每填筑 2 m 冲击补压一次或每填筑 4~6 m 强夯补压一次。

(5) 高路堤填筑过程中应进行沉降和稳定性观测。

(6) 在不良地质路段的高路堤与陡坡路堤填筑,应控制填筑速率,并进行地表水平位移监测,必要时应进行地下土体分层水平位移监测。

1.3 挖方路基施工

1.3.1 土质路堑施工

1. 施工方法

土方路堑可以根据路堑深度、纵向长度及现场施工条件采用以下几种基本方案。

土质路堑施工

1) 横向挖掘法

(1) 单层横向全宽挖掘法:从开挖路堑的一端或两端按断面全宽一次性挖到设计高程,逐渐向纵深挖掘,挖出的土方一般向两侧运送,如图 2.5(a)所示。这种方法适用于挖掘深度小且较短的路堑。

(2) 多层横向全宽挖掘法:从开挖的一端或两端按横断面分层挖至设计高程,如图 2.5(b)所示。这种方法适用于开挖深且短的路堑。

土质路堑的开挖可采用人工作业,也可选用机械作业。

用机械按横向挖掘法挖路堑且弃土(或移挖作填)运距较远时,宜用挖掘机配合自卸车进行,每层台阶高度可增加到 3~4 m,其余要求与人工开挖路堑相同。路堑横向挖掘也可用推土机进行,当弃土或移挖作填土的运距超过推土机的经济运距时,可用推土机推土堆积,再用装载机配合自卸车运土。用机械开挖路堑应注意的是,边坡应配合平地机或人工分层修刮平整,以保证边坡的平整和稳定。

2) 纵向挖掘法

(1) 分层纵挖法:沿路堑全宽,以深度不大的纵向分层进行挖掘,如图 2.6(a)所示。此方法适用于较长的路堑。

当采用分层纵挖法挖掘的路堑长度较短(不超过 100 m)、地面坡度较陡时,宜采用推土机作业。当采用分层纵挖法挖掘的路堑长度较长(超过 100 m)时,宜采用铲运机作业,有条

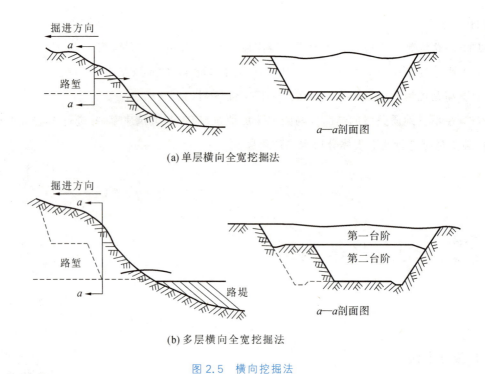

(a) 单层横向全宽挖掘法

(b) 多层横向全宽挖掘法

图 2.5 横向挖掘法

件时最好配备一台推土机配合铲运机(或使用铲运推土机)作业。

(2)通道纵挖法：先沿路堑纵向挖掘一条通道，然后将通道向两侧拓宽以扩大工作面并利用该通道作为运土路线及场内排水的出路，如图 2.6(b)所示。该层通道拓宽至路堑边坡后，再开挖下层通道，如此纵深开挖至路基高程。该方法适用于路堑较长、较深、两端地面纵坡较小的路堑。

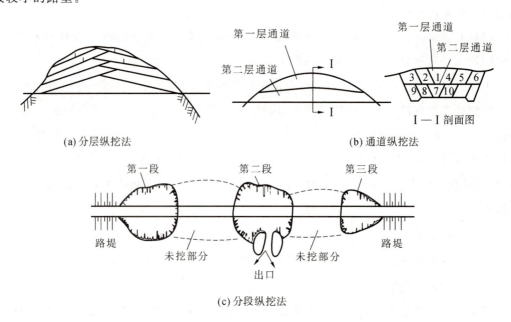

(a) 分层纵挖法 (b) 通道纵挖法

(c) 分段纵挖法

图 2.6 纵向挖掘法

（3）分段纵挖法：沿路堑纵向选择一个或几个适宜处，将较薄一侧路堑壁横向挖穿，使路堑分成两段或数段，各段再纵向开挖，如图2.6(c)所示。该方法适用于路堑过长、弃土运距过远的傍山路堑，一侧路堑壁不厚的路堑。

3）混合挖掘法

当路堑纵向长度和挖深都很大时，为扩大工作面，可将多层横挖法和通道纵挖法混合使用，即先沿路堑纵向挖通道，然后沿横向坡面挖掘，以增加开挖坡面，如图2.7所示。每个坡面均应能容纳一个施工小组或一台机械作业。

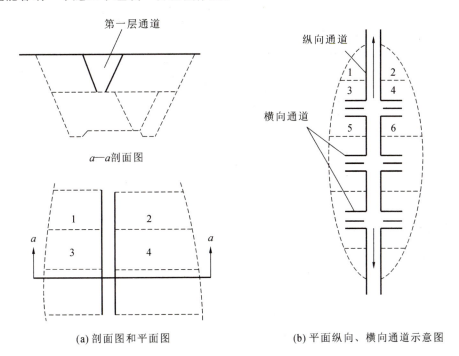

图2.7 混合挖掘法

2.施工流程

挖方路基施工流程如图2.8所示。

3.施工要点

（1）应自上而下逐级进行，严禁掏底开挖。

（2）开挖至边坡线前，应预留一定宽度，预留的宽度应保证刷坡过程中设计边坡线外的土层不受扰动。

（3）拟用作路基填料的土方，应分类开挖、分类使用。非适用材料作为弃方时应按《公路路基施工技术规范》(JTG/T 3610—2019)第4.15.2条的规定处理。

（4）开挖至零填、路堑路床部分后，应及时进行路床施工；如不能及时进行，宜在设计路床顶高程以上预留至少300 mm厚的保护层。

（5）应采取临时排水措施，施工作业面不得积水。

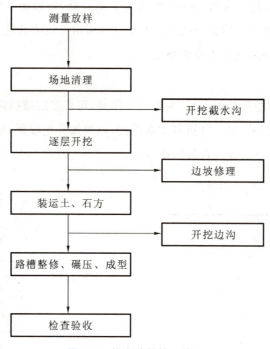

图 2.8 挖方路基施工流程

4. 质量检验

土质路堑施工质量标准与土质路堤相同,如表 2.9 所示。

1.3.2 石质路堑施工

1. 施工方法

石质路堑施工

根据岩石条件、开挖尺寸、工程量和施工技术要求,通过方案比较拟定合理的方式。基本要求:保证开挖质量和施工安全;符合施工工期和开挖强度的要求;有利于维护岩体完整和边坡稳定;可以充分发挥施工机械的生产能力;辅助工程量少。

综合爆破方法是指根据石方的集中程度,地质、地形条件,公路路基断面的形状,结合各种爆破方法的最佳使用特性,因地制宜,综合配套使用的一种比较先进的爆破方法。综合爆破方法一般包括中小炮和洞室炮两大类。中小炮主要包括钢钎炮、深孔爆破等钻孔爆破;洞室炮主要包括药壶炮和猫洞炮等,随药包性质、断面形状和微地形的变化而不同。根据炸药用量,1 t 以上的为大炮,1 t 以下的为中小炮。根据被爆破体的破碎控制效果,爆破方法又分为微差爆破、光面爆破和预裂爆破等。各种爆破方法在综合爆破中的作用与特性如下。

(1) 钢钎炮通常指炮眼直径和深度分别小于 70 mm 和 5 m 的爆破方法,如图 2.9 所示。
特点:炮眼浅,用药少,每次爆破的方数不多,全靠人工清除;不利于爆破能量的利用;由于眼浅,以致响声大且炸下的石方不多,所以工效较低。

优点:比较灵活,主要用于地形险及爆破量较小的地段(如打水沟、开挖便道、开挖基坑等)。

钢钎炮在综合爆破中是一种改造地形、为其他炮型服务的辅助炮型,是一种不可缺少的炮型。

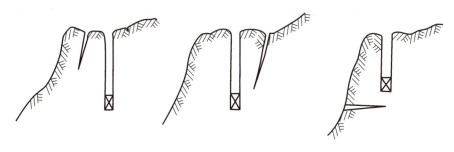

图 2.9　钢钎炮

(2)深孔爆破是孔径大于 75 mm、深度在 5 m 以上、采用延长药包的一种爆破方法。

特点:炮孔需用大型的潜孔凿岩机或穿孔机钻孔,如用挖运机械清方可以实现石方施工全面机械化,是大量石方快速施工的发展方向之一。

优点:劳动生产率高,一次爆落的方量多,施工进度快,爆破时比较安全。

(3)药壶炮是指在深 2.5 m 以上的炮眼底部用小量炸药经一次或多次烘膛,使眼底成葫芦形,将炸药集中装入药壶中进行爆破的爆破方法,如图 2.10 所示。

特点:主要用于露天爆破,使用条件是岩石应在Ⅸ级以下,不含水分,阶梯高度(H)为 10~20 m,自然地面坡度在 70°左右。如果自然地面坡度较缓,一般先用钢钎炮切脚,炸出台阶后再使用。经验证明,药壶炮最好用于Ⅶ~Ⅸ级岩石,中心挖深 4~6 m,阶梯高度在 7 m 以下。

优点:装药量可根据药壶体积而定,一般为 10~60 kg,最多可超过 100 kg。每次可炸岩石数十立方米至数百立方米,是小炮中最省工、省药的一种方法。

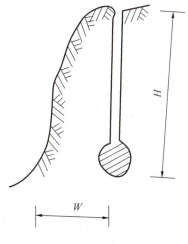

图 2.10　药壶炮

(4)猫洞炮(见图 2.11)是指炮洞直径为 0.2～0.5 m,洞穴呈水平或略倾斜(台眼),深度小于5 m,用集中药包在炮洞中进行爆炸的一种方法。

特点:充分利用岩体本身的崩塌作用,能用较浅的炮眼爆破较高的岩体,一般爆破可炸松 15～150 m²。最佳使用条件:岩石等级一般为 X 级以下,最好是 V～Ⅷ级;由于炮眼直径较大,爆能利用率甚差,故炮眼深度应大于 1.5 m,不能放孤炮。猫洞炮工效一般可达 4～10 m²,单位耗药量为 0.13～0.3 kg/m²。

优点:在有裂缝的软石、坚石中,阶梯高度大于 4 m,药壶炮药壶不易形成时,采用这种爆破方法,可以获得较好的爆破效果。

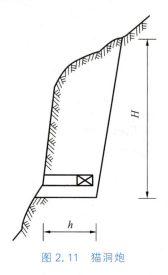

图 2.11 猫洞炮

(5)光面爆破:在开挖限界的周边,适当排列一定间隔的炮孔,在有侧向临空面的情况下,用控制抵抗线和药量的方法进行爆破,使之形成一个光滑平整的边坡,如图 2.12 所示。

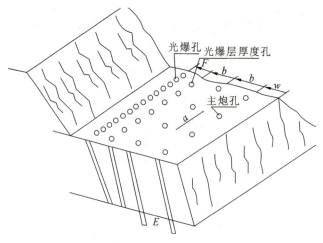

图 2.12 主炮孔、光爆孔平剖面布置示意图

(6)预裂爆破:在开挖限界处按适当间隔排列炮孔,在没有侧向临空面和最小抵抗线的情况下,用控制药量的方法,预先炸出一条裂缝,使拟爆体与山体分开,作为隔震减震带,起

到保护作用并减弱开挖限界以外山体或建筑物的地震破坏作用,如图 2.13 所示。

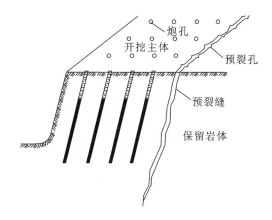

图 2.13　预裂爆破炮孔布置示意图

(7) 微差爆破。两相邻药包或前后排药包以毫秒的时间间隔(一般为 15～75 ms)依次起爆,称为微差爆破,亦称毫秒爆破。

优点:可减震 1/3～2/3;前发药包为后发药包开创了临空面,从而加强了岩石的破碎效果;降低多排孔一次爆破的堆积高度,有利于挖掘机作业;逐发或逐排依次爆破,减少了岩石夹制力,可节省 20% 的炸药,可增大孔距,可提高每米钻孔的炸落方量。根据断面形状和岩性确定多排孔微差爆破是浅孔深孔爆破发展的方向。

(8) 定向爆破。利用爆破能将大量土石方按照指定的方向,搬移到一定的位置并堆积成路堤的爆破施工方法,称为定向爆破,如图 2.14 所示。它减少了挖、装、运、夯等工序,生产效率高,在公路工程中用于以借为填或移挖作填地段,特别是在深挖高填相间、工程量大的鸡爪形地区,采用定向爆破,一次可形成百米甚至数百米路基。

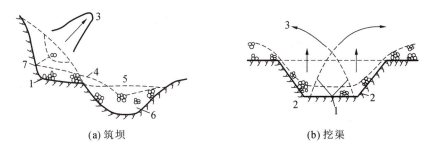

(a) 筑坝　　　　　　　　　　(b) 挖渠

图 2.14　定向爆破

1—主药包;2—边行药包;3—抛掷方向;4—堆积体;5—筑坝;6—河床;7—辅助药包

2. 施工流程

石质路堑的爆破流程如下。

施爆区调查→爆破方案设计与审批→配备专业施爆人员→清除施爆区覆盖层和强风化岩石→炮位放样与钻孔→炮孔检查→装药并安装起爆器材→布设安全警戒区→起爆→解除警戒。

3. 施工要点

（1）应根据岩石的类别、风化程度、岩层产状、岩体断裂构造、施工环境等因素确定开挖方案。

（2）应逐级开挖，逐级按设计要求进行防护。

（3）施工过程中，每挖深 3～5 m 应进行边坡边线和坡率的复测。

（4）爆破作业应符合现行《爆破安全规程》(GB 6722—2014)的有关规定。

（5）严禁采用硐室爆破，靠近边坡部位的硬质岩应采用光面爆破或预裂爆破。

（6）爆破法开挖石方，应先查明空中缆线、地下管线的位置，开挖边界线外可能受爆破影响的建筑物的结构类型，居民居住情况等，对不能满足安全距离的石方宜采用化学静态爆破或机械开挖。

（7）边坡应逐级进行整修，同时清除危石及松动石块。

4. 质量检验

（1）路基边线与边坡不应出现单向累计长度超过 50 m 的弯折。

（2）路基边坡、护坡道、碎落台不得有滑坡、塌方或深度超过 100 mm 的冲沟。

（3）上边坡不得有危石。

课后巩固

一、单项选择题

1.【2015 年公路二级建造师】软土地区路堤填筑时，在软土层顶面铺砂垫层的主要作用是（　　）。

　　A. 浅层水平排水　　B. 扩散应力分布　　C. 减少沉降量　　D. 防冻胀

2.【2017 年公路二级建造师】路基填料的强度指标是（　　）。

　　A. 压实度　　B. CBR 值　　C. 稳定度　　D. 塑性指数

3.路基施工中，设计厚度为 25 cm，松铺系数为 1.2，压实前松铺的厚度为（　　）cm。

　　A. 20.8　　B. 25　　C. 30　　D. 35

4.路基压实度的检测方法常用（　　）。

　　A. 灌砂法　　B. 承载板试验　　C. 拉力试验　　D. 核子仪密度法

5.适用于挖掘浅且短的路堑的施工方法是（　　）。

　　A. 单层横向全宽挖掘法　　B. 多层横向全宽挖掘法

　　C. 分层纵挖法　　D. 通道纵挖法

6.在路基爆破施工中，可以对开挖限界以外山体起保护作用的爆破技术是（　　）。

　　A. 光面爆破　　B. 预裂爆破　　C. 微差爆破　　D. 定向爆破

7. 土石路堤填筑时,应采用( )。
   A. 倾填方法　　　　　　　　　　B. 一次填筑,一次压实
   C. 分层填筑,分层压实　　　　　　D. 分层填筑,全层压实

8. 针对路基弹簧现象,可采取的治理措施是( )。
   A. 增加碾压遍数　　　　　　　　B. 换填后重新碾压
   C. 增大压路机功率　　　　　　　D. 铺筑生石灰粉吸潮

9. 关于高填方路堤沉降原因的说法,错误的是( )。
   A. 地基压实度不足
   B. 未严格按分层填筑、分层碾压工艺施工
   C. 填料中混进了碎石
   D. 路基纵、横向填挖交界处未按规范要求挖台阶

二、思考题

背景资料:某高速公路挖方路基施工流程如图2.15所示。施工单位在施工过程中发生如下情况。

(1)为保证施工进度,开挖时利用土方自重,从下部掏底,效果好,速度快。

(2)边沟截水沟从上游向下游开挖,开挖后及时进行防渗处理。

(3)在路堤与路堑交界处,采用台阶方式搭接(搭接长度为1 m)并碾压密实。

(4)挖方边坡一次性挖到设计线并立即做了浆砌护坡封闭。

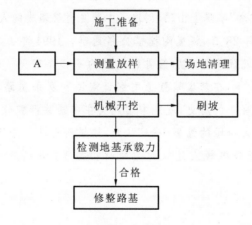

图2.15　某高速公路挖方路基施工流程

问题:

(1)挖方路基施工流程图中的A指的是什么?

(2)逐条判断施工单位在路基施工过程中发生的情况是否妥当并说明原因或改正方法。

任务 2 防护支挡工程施工

中国路

山西陵川县最东边的小村锡崖沟,因传说仙人曾在此冶锡炼丹而得名。这里阡陌纵横、梯田高叠、溪流潺潺、古桥飞架、风景优美,但大山阻隔,给村里人的生活带来不便。20世纪60年代开始,锡崖沟人在村党支部的带领下,凭借滴水穿石的愚公移山精神,三十年风餐露宿,几代人前赴后继,从狼道到羊窑,从羊窑到挂壁公路,硬是在北边的王莽岭绝壁上凿出一条明明暗暗7.5 km长的公路。挂壁公路在山壁上曲折三层,写成"之"字攀上山顶,创造了中国乡村筑路史的人间奇观。

1991年6月28日,锡崖沟挂壁公路通车。1994年6月22日《人民日报》头版头条以《一个几代人用血脉筋骨铸刻成的不朽丰碑——路》为题登载了锡崖沟村艰苦奋斗三十年,在悬崖峭壁上用钢钎炮锤和双手凿路的事迹,并评论锡崖沟村"几十年艰苦奋斗的历史,就是中国人民在中国共产党领导下奋发图强,排除万难,建设自己伟大祖国的缩影……"从此,锡崖沟也从一个名不见经传的小山村变得家喻户晓。很多电视人还以此为题材拍摄了《路》《走出大山》《沟里人》等电视片。

学习目标

1. 了解道路常见防护工程类型及适用条件。
2. 掌握边坡防护工程施工流程、要点及质量检验标准。
3. 掌握冲刷防护工程施工流程、要点及质量检验标准。
4. 掌握挡土墙工程施工流程、要点及质量检验标准。

案例任务

识读工程案例,完成任务。

某施工单位承接了一段路基工程施工,其中 K8+780～K8+810 为 C20 片石混凝土重力式挡土墙,墙高最高为 12 m,设计要求地基容许承载力不小于 0.5 MPa。片石混凝土重力式挡土墙立面如图 2.16 所示。挡土墙施工流程:施工准备→测量放线→基槽开挖→验基→地基承载力检测→测量放线→搭脚手架→立模加固→浇筑混凝土并人工摆放片石→拆除模板交验→养护。

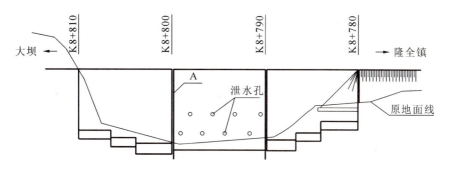

图 2.16　片石混凝土重力式挡土墙立面

施工中,采用挖掘机开挖基槽,分段开挖长度根据现场地质情况确定。机械开挖至基底设计标高以上 0.3 m 时,重新进行测量放线,在确定开挖正确且不偏位的情况下改用人工清理基底,开挖至设计标高后,用蛙式电动夯将基底夯实,使压实度为 90% 以上,检测基底承载力,发现部分基底承载力为 0.45 MPa。地下水对该基槽无影响。

模板采用钢模板分片拼装后,再按设计位置分段拼装,模板在安装前进行打磨并刷脱模剂。每段拼完后,四边挂线调整模板直顺度,符合质量要求后固定。

施工单位采用拌和站集中拌制混凝土,采用搅拌运输车运输混凝土,混凝土到达现场后,通过溜槽灌注,混凝土自由落体高度不大于 2 m。采用插入式振动棒振捣密实。混凝土分层浇筑,每层混凝土浇筑完成后,加填一层片石。片石在填放前用水冲洗干净,片石的强度不小于 30 MPa,片石的最大尺寸不大于结构最小尺寸的 1/4,片石的最小尺寸不小于 15 cm。施工单位在施工中注重控制片石投放质量,保证了净间距不小于 15 cm,片石与模板的净间距不小于 25 cm,片石体积不超过片石混凝土总体积的 30%。

拆模在混凝土强度达到 2.5 MPa 时进行,拆模时混凝土的温度(由水泥水化热引起)不能过高。模板的拆除遵循先支先拆、后支后拆的原则。拆模后,混凝土表面局部出现蜂窝缺陷,但确认施工过程中未出现漏浆及模板变形、跑模现象。

回答下列问题。

1. 判断挡土墙位于路基左侧还是右侧并说明理由。写出图中构造 A 的名称。
2. 提出该项目基底承载力不能满足设计要求时的工程处理措施。
3. 指出片石混凝土浇筑与拆模中的错误并改正。
4. 分析混凝土表面局部出现蜂窝缺陷的可能原因。
5. 写出除测量工与实验工外,该挡土墙施工还需要配置的技术工种。

(微课二维码)

2.1 边坡防护工程施工

2.1.1 植物防护

植物防护是一种简便、经济和有效的坡面防护措施。植物能覆盖表土,防止雨水冲刷;调节土壤湿度,防止裂缝产生;固结土壤,防止坡面风化剥落。植物还能起到绿化、美化环境的作用。为防止采用植物防护的路堑边坡坡脚因振动和雨水冲蚀作用首先被破坏,从而导致整个防护工程的垮塌或出现边坡坍塌,一般宜在坡脚处设 1~2 m 高的浆砌片石护坡或护墙。

1. 种草

1）适用条件

边坡坡度不宜陡于1∶1的土质边坡，不浸水或短期浸水但地面径流速度不超过0.6 m/s的路基边坡可以选择种草防护。对边坡土层不宜直接种草的情况，可先铺一层有利于草生长的种植土，铺土厚度为10～15 cm。

植物防护工程施工

2）施工流程

边坡成型→表土整理→施肥→播种→养护及补播。

3）施工要点

（1）人工撒播。

① 播种草籽可根据具体情况按撒播或行播进行。

② 播种时间宜选春季、秋季，不宜选在干燥的风季和暴雨季节。

③ 种草施工时，草籽应撒布均匀，同时做好保护措施。

④ 铺、种植物后应适时进行洒水、施肥等养护管理，直到植物成活。

（2）客土喷播：以团粒剂使客土形成团粒化结构，加筋纤维在其中起到类似植物根茎的网络加筋作用，从而造就有一定厚度的具有耐雨水、风侵蚀，牢固透气，与自然表土类似或更优的多孔稳定土壤结构。

① 喷播前应检查作业面的粗糙度，平均粗糙度宜为±100 mm，最大不超过±150 mm；若岩石边坡本身不稳定，需要采用预应力锚杆、锚索进行加固处理。

② 喷播植草混合料由植生土、土壤稳定剂、水泥、肥料、混合草籽、水等应按配合比组成。

③ 客土喷播前浇水湿润坡面，喷播植草混合料的配合比应根据边坡坡度、地质情况和当地气候条件确定，喷播混合材料厚度应为20～80 mm；种子喷播应均匀。

④ 客土喷播施工锚杆和锚钉宜按1 m×1 m间距梅花形布置。挂网施工时应采用自上而下放卷，相邻两卷铁丝网分别用绑扎铁丝连接固定，两网交接重叠处宽度应不少于100 mm，锚钉应不少于5个/m。

⑤ 挂网与作业面应保持一定间隙并均匀一致。

（3）三维植物网：由高强度聚合物或合成纤维材料制成，形成一种具有网格状结构的三维空间框架。

① 施工前应先清除杂草、石块、树根等杂物，坡面土质疏松的应进行夯实。

② 铺设三维网应自上而下平铺到坡脚，并向坡顶、坡脚各延伸500 mm。

③ 三维网应用木桩、锚钉锚固于坡面，四周以U形钉固定。网间搭接长度应满足设计要求且应不小于100 mm。三维网应紧贴坡面，无皱褶和悬空现象。

④ 施工时应避开阴雨天气。

2. 铺草皮

1）适用条件

铺草皮的防护措施适用于需要快速绿化、边坡较陡、冲刷严重的土质边坡和严重风化的软质岩石边坡。

2）施工流程

边坡成型→表土整平、湿润→铺草皮→洒水养护。

3）施工要点

① 草皮宜选用带状或块状，草皮厚度宜为 100 mm。

② 草皮可根据边坡坡度与水流流速等，选用平铺、水平叠铺、方格式铺砌、卵石方格铺砌、垂直叠铺、倾斜叠铺和网格式铺砌等方式，如图 2.17 所示。

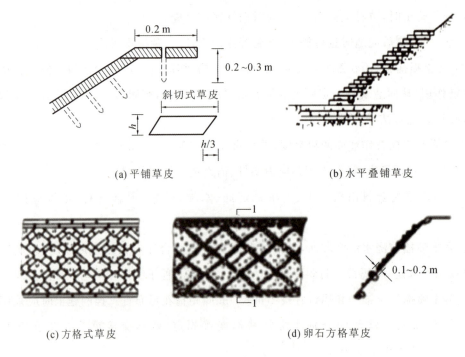

图 2.17 草皮铺砌形式

③ 铺砌时草皮端应斜切，形成平行四边形，自下而上用竹木小桩将草皮钉在坡面上，使其稳固。

④ 草皮应随挖随铺，注意相互贴紧。

4）质量标准

植物防护质量标准如表 2.13 所示。

表 2.13 植物防护质量标准

项次	检查项目	规定值或允许偏差	检查方法和频率
1	苗木规格与数量	满足设计要求	尺量:每 1 km 测 50 m
2	种植穴规格/mm	±50	尺量:每 1 km 测 50 m
3	苗木成活率/(%)	≥85	目测:每 1 km 测 200 m
4	草坪覆盖率/(%)	≥95	目测:每 1 km 测 200 m
5	其他地被植物发芽率/(%)	≥85	目测:每 1 km 测 200 m

2.1.2 工程防护

1. 喷浆和喷射混凝土防护

1)适用条件

喷浆和喷射混凝土防护适用于边坡易风化、裂隙和节理发育、坡面不平整的岩石挖方边坡。

工程防护工程施工

2)施工流程

施工准备→配料→喷射机械就位→喷射养护。

3)施工要点

(1)坡面喷浆防护。

① 喷射应自下而上进行。

② 砂浆初凝后,应立即开始养护,养护期宜不少于 5 d。

③ 施工结束后,应及时对喷浆层顶部进行封闭处理。

(2)坡面喷射混凝土防护。

① 混凝土强度应满足设计要求。

② 作业前应进行试喷,选择合适的水灰比和喷射压力。

③ 混凝土喷射厚度应符合设计规定,临时支护厚度宜不小于 60 mm,永久支护厚度宜不小于 80 mm。永久支护面钢筋的喷射混凝土保护层厚度应不小于 50 mm。

④ 混凝土喷射应自下而上进行。当混凝土厚度大于 100 mm 时,宜分两次喷射。在第二次喷射混凝土作业前,应清除结合面上的浮浆和松散碎屑。

⑤ 面层表面应抹平、压实修整。

⑥ 喷射混凝土面层应在长度方向上每 30 m 设一道伸缩缝,缝宽 10~20 mm。

⑦ 喷射混凝土初凝后,应立即开始养护。养护期宜不少于 7 d。

⑧ 喷射混凝土表面质量应密实、平整,无裂缝、脱落、漏喷、漏筋、空鼓和渗漏水等。

(3) 锚杆挂网喷射混凝土防护。

① 锚杆应嵌入稳固基岩,锚固深度根据设计要求结合岩体性质确定。锚杆孔深应大于锚杆长度 200 mm。

② 钢筋网应与锚杆连接牢固。钢筋网与岩面的间隙宜为 30~50 mm。

③ 喷射混凝土宜分层施工,铺设钢筋网前喷射一层混凝土,铺设后再喷射混凝土至设计厚度。

④ 喷射混凝土厚度应均匀,钢筋网及锚杆不得外露。钢筋保护层厚度宜不小于 20 mm。

4) 质量标准

喷浆和喷射混凝土防护质量标准如表 2.14 所示。

表 2.14 喷浆和喷射混凝土防护质量标准

项次	检查项目	规定值或允许偏差	检查方法与频率
1	混凝土强度	在合格标准内	按《公路工程质量检验评定标准 第一册 土建工程》(JTG F80/1—2017)附录 E 检查
2	喷层厚度	平均厚度≥设计厚度;80%测点的厚度≥设计厚度;最小厚度≥设计规定最小值	凿孔法或工程雷达法:每 50 m² 测 1 处,总数不少于 5 处

2. 浆砌片石防护

1) 适用条件

浆砌片石防护适用于防护流速较大(3~6 m/s)、波浪作用较强,有流水、漂浮物等撞击的边坡。对于过分潮湿或冻害严重的土质边坡,应先采取排水措施再铺筑。

2) 施工流程

测量放线→基坑开挖→地基承载力检验→基坑验收→砌筑→砌体外露面修整勾缝→养护→浆砌成品检测、验收。

3) 施工要点

① 宜在路堤沉降稳定后施工,砌筑前应整平坡面,按设计完成垫层施工。受冻胀影响的土质边坡,护坡底面的碎石或砂砾垫层厚度应不小于 100 mm。

② 片石砌体应分层砌筑,2~3 层组成的工作面宜找平。

③ 所有石块均应在新拌砂浆之上。

④ 每 10~15 m 应设置一道伸缩缝,缝宽宜为 20~30 mm。基底地质有变化处,应设沉降缝。伸缩缝与沉降缝可合并设置。

⑤ 砂浆初凝后,应立即进行养护;砂浆终凝前,砌体应覆盖。

⑥泄水孔的位置和反滤层的设置应满足设计要求,如设计无要求,应符合下列规定:泄水孔尺寸宜为 50 mm×100 mm、100 mm×100 mm、150 mm×200 mm 的矩形或直径为 50～100 mm 的圆形;泄水孔间距宜为 2～3 m,干旱地区可适当加大,渗水量大时应适当加密;上下排泄水孔应交错布置,左右排泄水孔应避开伸缩缝与沉降缝,与相邻伸缩缝间距宜不小于 500 mm;泄水孔应向外倾斜,最下一排泄水孔出口应高出地面或边沟、排水沟及积水地区的常水位 0.3 m;最下面一排泄水孔进水口周围 500 mm×500 mm 范围内应设置具有反滤作用的粗粒料,反滤层底部应设置厚度不小于 300 mm 的黏土隔水层。

4)质量标准

浆砌片石防护质量标准如表 2.15 所示。

表 2.15 浆砌片石防护质量标准

项次	检查项目	规定值或允许偏差		检查方法与频率
1	砂浆强度	在合格标准内		按《公路工程质量检验评定标准 第一册 土建工程》(JTG F80/1—2017)附录 F 检查
2	顶面高程/mm	料石、块石	±30	水准仪:长度不大于 30 m 时测 5 点,每增加 10 m 增加 1 点
		片石	±50	
3	表面平整度/mm	料石、块石	≤25	2 m 直尺:每 20 m 测 5 处
		片石	≤35	
4	坡度	≤设计值		坡度尺:长度不大于 30 m 时测 5 处,每增加 10 m 增加 1 处
5	厚度或断面尺寸	≥设计值		尺量:长度不大于 50 m 时测 10 个断面,每增加 10 m 增加 1 个断面
6	墙面距路基中线/mm	±50		尺量:每 20 m 测 5 点
7	泄水孔间距	≤设计值		尺量:每 20 m 测 4 点

3.骨架植物防护

1)适用条件

骨架植物防护适用于土质或风化岩石边坡,可采用混凝土、浆砌片(块)石、卵(砾)石等作为骨架。

2)施工流程

边坡整理→骨架成型→回填耕植土→植草→盖无纺布→养护。

3)施工要点

(1)水泥混凝土骨架。

①骨架施工前应修整坡面,填补超挖形成或原生的坑洞和空腔。

②混凝土浇筑应从护脚开始,由下而上进行。浇筑过程中采用插入式振捣器振捣。

③ 骨架宜完全嵌入坡面,保证骨架紧贴坡面,防止变形或破坏。

④ 混凝土浇筑完成后应及时养护,养护时间宜不少于 14 d。

(2) 水泥混凝土空心预制块骨架。

① 预制块经验收合格后方可使用。

② 铺设前应将坡面整平、压实,铺设宜在路堤沉降稳定后进行。

③ 应与坡面紧贴,不得有空隙,应与相邻坡面平顺。

④ 铺设后应及时做植物防护。

4) 质量标准

骨架植物防护质量标准参见植物防护质量标准及混凝土砌筑质量标准。

2.2 冲刷防护工程施工

2.2.1 抛石防护

冲刷防护工程施工

1. 适用条件

抛石防护适用于盛产石料地区,水流速度达到 3.0～5.0 m/s 时,经常浸水且水流方向平顺、河床承载力较好、无严重冲刷的路基。抛石防护多用于抢修工程。

2. 施工流程

施工准备→施工测量→抛石护坡→收尾。

3. 施工要点

① 抛石石料应选用质地坚硬、耐冻且不易风化崩解的石块。石料粒径应大于 300 mm,宜用大小不同的石块掺杂抛投。

② 抛石体边坡坡率和石料粒径应根据水深、流速和波浪情况确定,坡度应不陡于抛石石料浸水后的天然休止角。抛石体边坡坡率和抛石粒径应符合表 2.16 和表 2.17 的规定。

表 2.16 抛石体边坡坡率与水文条件的关系

水文条件	边坡坡率
水深不大于 2 m,流速小	1∶1.2～1∶2.5
水深为 2～6 m,流速大,波浪汹涌	1∶2～1∶3
水深大于 6 m,在急流中施工	缓于 1∶2

表 2.17　抛石粒径与水深、流速的关系

抛石粒径/mm	水深/m				
	0.4	1.0	2.0	3.0	5.0
	容许流速/(m/s)				
150	2.70	3.00	3.40	3.70	4.00
200	3.15	3.45	3.90	4.20	4.50
300	3.50	3.95	4.25	4.45	5.00
400		4.30	4.45	4.80	5.05
500			4.85	5.00	5.40

③ 抛石厚度宜为粒径的 3～4 倍；用大粒径时，不得小于 2 倍。

④ 除特殊情况外，宜在枯水季节施工。

2.2.2　石笼防护

1. 适用条件

石笼防护适用于水流含有大量泥沙及基地地质良好的路基边坡。铁丝石笼能经受高流速的冲刷，一般可抵抗 4～5 m/s 的流速，体积大的可抵抗 5～6 m/s 的流速，允许波浪高 1.5～1.8 m 的水流。

2. 施工流程

施工准备→石料、网箱准备→平整坡面→网箱填石→安装片石笼→验收。

3. 施工要点

1) 石笼网箱制作

① 石笼可采用重镀锌钢丝、镀锌铁丝、普通铁丝编织。永久工程应采用重镀锌钢丝；使用年限为 8～12 年时可采用镀锌铁丝；使用年限为 3～5 年时可采用普通铁丝。

② 组装网箱时，绑扎用的组合丝、螺旋固定丝应与网丝同材质。

③ 网箱的间隔网片与网身呈 90°方可进入绑扎工序，组装绑扎成网箱。

④ 组装网箱时，组合丝绑扎应为双股线并绞紧；螺旋组合丝绑扎应绞绕收紧。

⑤ 组装完成的网箱应依次安放到位。

2) 连接单元网箱的制作

① 组装完成的单元网箱，应按设计挡土墙长度方向依次安放，调整网箱位置后将每个

单元网箱依次连接。

② 填料前,应在网箱外露面绑钢管或面板固定网箱位置,防止网箱移动。

③ 网箱裸露部位的网片,应设置拉力丝。

3) 石料填充要点

① 石笼填充物应采用质地坚硬、不易崩解和水解的片石或块石,石料粒径宜为100～300 mm,粒径小于100 mm的石料应不超过15％且不得用于网格的外露面,孔隙率不得超过30％。

② 应采取人工或机械填料,填料应均匀分批投料,保证填料均匀充满箱体。

③ 同一层网箱未能一次性施工完毕的,应在箱体接头处进行处理,相邻网箱石料高差不得超过350 mm,保证网箱不发生侧向变形。

④ 外露面填充料应整平,填充料间应相互搭接。

⑤ 应在石料填充高度达到要求后进行网箱封盖。

4. 质量标准

(1) 石笼网箱挡土墙笼体施工质量标准如表2.18所示。

表2.18 石笼网箱挡土墙笼体施工质量标准

项次	检查项目	规定值或允许偏差	检查方法和频率
1	笼体长/mm	±30	尺量:每50 m量4个断面
2	笼体宽/mm	±30	尺量:每50 m量4个断面
3	笼体高/mm	±30	尺量:每50 m量4个断面
4	孔眼/mm	20	尺量:每50 m量4个断面

(2) 石笼防护施工质量标准如表2.19所示。

表2.19 石笼防护施工质量标准

项次	检查项目	规定值或允许偏差	检查方法和频率
1	平面位置偏位/mm	≤300	全站仪:按设计控制坐标检查
2	长度/mm	≥设计长度−300	尺量:每个(段)量5处
3	宽度/mm	≥设计宽度−200	尺量:每个(段)量5处
4	高度/mm	≥设计值	水准仪或尺量:每个(段)测5处
5	底面高程/mm	≤设计值	水准仪:每个(段)测5点

2.2.3 土工模袋

1. 适用条件

土工模袋适用于允许流速为 2～3 m/s 的沿河路基冲刷防护，可用于修建堤坡、堤脚，构筑丁坝、堤坝主体，还可以用于堤坝崩塌、江河崩岸险情的抢护。

2. 施工流程

土工模袋施工流程图如图 2.18 所示。

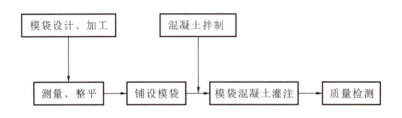

图 2.18　土工模袋施工流程图

3. 施工要点

① 应按设计要求整平坡面，放线定位，挖好边界处理沟。

② 模袋铺展后应拉紧固定，防止充填时下滑。

③ 充填材料应根据设计要求和实际情况合理选用，充填应连续。

④ 需要排水的边坡，应在模袋适当位置开孔设置排水管。

⑤ 模袋顶部宜采用浆砌块石封闭。有地面径流处，坡顶应采取防护措施，防止地表水侵蚀模袋底部。

⑥ 岸坡模袋底端应设压脚或护脚棱体，有冲刷处应采取防冲措施。

⑦ 模袋护坡侧翼宜设压袋沟。

⑧ 模袋与坡面间应按设计要求铺设好土工织物滤层。

⑨ 模袋厚度应通过抗浮稳定分析和抗冰推移稳定分析确定。

4. 质量标准

土工模袋质量标准如表 2.20 所示。

表 2.20 土工模袋质量标准

检查项目		质量标准
单层质量/(g/m²)		200
拉伸强度/(N/50 mm)	经	1500
	纬	1300
延伸率/(%)	经	14
	纬	12
撕裂强度/(N/50 mm)	经	600
	纬	400
顶破强度/N		800
渗透系数/(mm/s)		0.28
单层厚度/mm		0.45

2.2.4　导流结构物

1. 适用条件

丁坝适用于宽浅变迁河段,用来挑流或降低流速,减轻水流对河岸或路基的冲刷。

顺坝适用于河床断面较窄、基础地质条件较差的河岸或沿河路基防护,用来调整流水曲线度和改善流态。

改移河道:沿河路基受水流冲刷严重、防护工程艰巨,以及路线在短距离内多次跨越弯曲河道时可改移河道。主河槽改动频繁的变迁性河流或支流较多的河段不宜改移河道。

2. 施工要点

1)丁坝

① 应合理安排工期。

② 坝头应按设计进行平面防护。

③ 应处理好坝根与相连的地层或其他防护设施的衔接。

④ 完工后应检查丁坝间的河岸或路基边坡处的水流流速,若所能承受的容许流速小于水流靠岸回流流速,应及时反馈处理。

2)顺坝

① 顺坝与上下游河岸的衔接处应水流顺畅。

② 坝根嵌入稳定河岸内的距离应满足设计要求,坝根附近河岸应按设计防护加固至上游不受水流冲击处。

3)改移河道

① 宜在枯水期施工。一个旱季不能完成时,应采取防洪措施。

② 河道开挖应先挖好中段,再开挖两端;应确认新河床工程符合要求后再挖通其上游河段。

③ 利用开挖新河道的土石填平旧河道时,在新河道通流前,旧河道应保持适当的流水断面。

④ 通流时,改河上游进口河段的河床纵坡宜稍大于设计坡度。

⑤ 河床加固设施及导流构造物的施工应合理安排,及时配套完成。

3. 质量标准

丁坝、顺坝施工质量标准如表 2.21 所示。

表 2.21 丁坝、顺坝施工质量标准

项次	检查项目		规定值或允许偏差	检查方法和频率
1	砂浆强度		在合格标准内	按《公路工程质量检验评定标准 第一册 土建工程》(JTG F80/1—2017)附录 F 检查
2	平面位置偏位/mm		30	全站仪:按设计控制坐标测量
3	长度/mm		≥设计长度−100	尺量:全测
4	断面尺寸		≥设计值	尺量:测 5 个断面
5	坡度		≤设计值	坡度尺:测 5 处
6	高程/mm	基底	≤设计值	水准仪:测 5 点
		顶面	±30	

2.3 挡土墙工程施工

2.3.1 浆砌片石重力式挡土墙

1. 施工流程

施工准备→测量放样→基坑开挖→基底检测→基础砌筑→ 墙身砌筑

重力式挡土墙施工

→墙身勾缝→砌体养护→墙背回填→交工验收。

2. 施工要点

1）基坑开挖

① 基坑开挖宜分段跳槽进行,分段位置宜结合伸缩缝、沉降缝等设置确定。

② 设计挡土墙基底为倾斜面时,应严格控制基底高程,不得超挖填补。

③ 土质或易风化软质岩石雨季开挖基坑时,应在基坑挖好后及时封闭坑底。

④ 开挖完成后应及时进行检验,检验合格后应及时进行下道工序施工。

2）基础施工

① 施工前应检查基础底面,清除基底表面风化、松软的土石和杂物。

② 硬质岩石上的浆砌片石基础宜满坑砌筑。浆砌片石底面应卧浆铺砌,立缝要填浆补实,不得有空隙和立缝贯通现象。

③ 台阶式基础宜与墙体连续砌筑,基底及墙趾台阶转折处不得砌成垂直通缝,砌体与台阶壁间的缝隙砂浆应饱满。

④ 基础应在基础砂浆强度达到设计强度的 75% 后及时分层回填夯实。回填应在表面留 3% 的向外斜坡。

3）墙身施工

① 砌石墙身应分层错缝砌筑,咬缝应不小于砌块长度的 1/4 且不得出现贯通竖缝。

② 片石、砌块应大面朝下砌筑,砌块不应直接接触,间距宜不小于 20 mm。

③ 混凝土墙身应水平分层浇筑、分层振捣。分层厚度应不超过 300 mm。

④ 混凝土浇筑应连续进行。如间断,间断时间应小于前层混凝土的初凝时间,否则按施工缝处理。

⑤ 浇筑过程中应有专人检查模板及支撑工作情况,发现问题及时处理。

⑥ 挡土墙端部伸入路堤或嵌入挖方部分应与墙体同时砌筑。挡土墙顶应找平抹面或勾缝,其与边坡间的空隙应采用黏土或其他材料夯填封闭。

⑦ 墙身施工完毕后应及时养护。

4）伸缩缝与沉降缝、泄水孔

① 伸缩缝与沉降缝内两侧壁应竖直、平齐,无搭叠。缝中防水材料应按设计要求施工。

② 墙身泄水孔应在砌筑过程中按设计施工,确保排水畅通。

5）墙背回填

① 挡土墙混凝土或砂浆强度达到设计强度的 75% 时,应及时进行墙背回填。距墙背 0.5~1.0 m 内,不得使用重型振动压路机碾压。

② 墙背填料宜采用砂性土、卵石土、砾石土或块石土等透水性好、抗剪强度高的材料。

③ 采用黏质土作为填料时,应在墙背设置厚度不小于 300 mm 的砂砾或其他透水性材

料排水层;排水层顶部应采用黏质土层封闭,土层厚度宜不小于 500 mm。

④ 填料中不得含有机物、冰块、草皮、树根及生活垃圾。不得使用腐殖土、盐渍土、淤泥、白垩土、硅藻土、生活垃圾及有机物等作为墙背填料。

3. 质量标准

浆砌片石重力或挡土墙施工质量标准如表 2.22 所示。

表 2.22 浆砌片石重力或挡土墙施工质量标准

项次	检查项目		规定值或允许偏差	检查方法和频率
1	砂浆强度		在合格标准内	按《公路工程质量检验评定标准第一册土建工程》(JTG FP80/1—2017)附录 F 检查
2	平面位置/mm		≤50	全站仪:测墙顶外边线,长度不大于 30 m 时测 5 点,每增加 10 m 增加 1 点
3	墙面坡度/(%)		≤0.5	铅垂法:长度不大于 30 m 时测 5 处,每增加 10 m 增加 1 处
4	断面尺寸		≥设计值	尺量:长度不大于 50 m 时测 10 个断面,每增加 10 m 增加 1 个断面
5	顶面高程/mm		±20	水准仪:长度不大于 30 m 时测 5 点,每增加 10 m 增加 1 点
6	底面高程/mm		±50	水准仪:长度不大于 30 m 时测 5 点,每增加 10 m 增加 1 点
7	表面平整度/mm	混凝土预制块、料石	≤10	2 m 直尺:每 20 m 测 3 处,每处测整直和墙长两个方向
		块石	≤20	
		片石	≤30	
8	泄水孔间距		≤设计值	尺量:每 20 m 测 4 点

2.3.2 悬臂式和扶壁式挡土墙

1. 施工流程

施工准备→测量放线→基槽开挖→浇筑垫层混凝土→钢筋骨架制作与安装成型→模板制作与安装→混凝土灌筑→模板拆除及混凝土养护→防排水设施及填料填筑。

2. 施工要点

① 基坑开挖应从上至下分层、分段依次进行。开挖过程中应做好临时排水设施并随时

排水,保证工作面干燥及基底不被水浸。基坑开挖后应及时施工挡土墙,不得长期放置。

②凸榫部分应与基坑同时开挖并与墙底板一起浇筑。

③混凝土浇筑后应及时进行养护,养护时间宜不少于 7 d。

④墙背回填应在墙体混凝土达到设计强度的 75% 后进行。回填应分层填筑并压实。扶壁式挡土墙回填时应按先墙趾、后墙踵的顺序进行。

3. 质量标准

悬臂式和扶壁式挡土墙施工质量标准如表 2.23 所示。

表 2.23 悬臂式和扶壁式挡土墙施工质量标准

项次	检查项目	规定值或允许偏差	检查方法和频率
1	混凝土强度	在合格标准内	按《公路工程质量检验评定标准 第一册 土建工程》(JTG F80/1—2017)附录 D 检查
2	砂浆强度	在合格标准内	按《公路工程质量检验评定标准 第一册 土建工程》(JTG F80/1—2017)附录 F 检查
3	平面位置/mm	≤30	全站仪:长度不大于 30 m 时测 5 点,每增加 10 m 增加 1 点
4	垂直度或坡度/(%)	≤0.3	铅垂法:长度不大于 30 m 时测 5 处,每增加 10 m 增加 1 处
5	断面尺寸	≥设计值	尺量:长度不大于 50 m 时测 10 个断面及 10 个扶壁,每增加 10 m 增加 1 个断面及 1 个扶壁
6	顶面高程/mm	±20	水准仪:长度不大于 30 m 时测 5 点,每增加 10 m 增加 1 点
7	底面高程/mm	±30	全站仪:测墙顶外边线,长度不大于 30 m 时测 5 点,每增加 10 m 增加 1 点
8	表面平整度/mm	≤8	铅垂法:每 20 m 测 3 处,每处测竖直和墙长两个方向
9	泄水孔间距	≥设计值	尺量:每 20 m 测 4 点

课后巩固

单项选择题

1. 【2019年公路二级建造师】土工模袋护坡的侧翼宜设( )。
   A. 护脚棱体　　B. 压袋沟　　C. 排水管　　D. 边界处理沟

2. 喷浆法对边坡进行防护时,灰体表面颜色灰暗,出现干裂,回弹量大,粉尘飞扬,主要问题是( )。
   A. 水灰比过小　　　　　　B. 水灰比过大
   C. 水灰比合适　　　　　　D. 天气不好

3. 挡土墙的墙身排水的方法,通常是设置( )。
   A. 泄水孔　　B. 边沟　　C. 泄水池　　D. 透水层

4. 冲刷防护工程中属于间接防护的是( )。
   A. 石笼　　B. 顺坝　　C. 挡土墙　　D. 浆砌片石

5. 防护水下部分路基边坡时不宜采用( )。
   A. 石笼　　B. 抛石　　C. 浆砌片石　　D. 铺草皮

6. 某路基边坡属于风化岩且坡面不平整,应采用的防护措施是( )。
   A. 抹面　　B. 喷浆　　C. 植被防护　　D. 灌浆

7. 关于浆砌片石护坡施工,下列说法错误的是( )。

   A. 宜在路堤沉降稳定后施工,砌筑前应整平坡面,按设计完成垫层施工;受冻胀影响的土质边坡,护坡底面的碎石或砂砾垫层厚度应不小于150 mm

   B. 片石砌体应分层砌筑,2～3层组成的工作面宜找平

   C. 所有石块均应在新拌砂浆之上

   D. 10～15 m应设置一道伸缩缝,缝宽宜为20～30 mm;基底地质有变化处,应设沉降缝;伸缩缝与沉降缝可合并设置

8. 下列关于浆砌片石挡土墙施工,说法错误的是( )。

   A. 挡土墙每隔2～3 m上下错列设置一个泻水孔,泻水孔采用PVC管,墙背泻水孔处采用土工布包裹碎石反滤

   B. 墙顶用大块石砌筑,砂浆勾缝,抹平顶面

   C. 砂浆强度为90%以上时,墙背填料回填;逐层填筑,逐层夯实

   D. 墙背填料宜采用砂性土、卵石土、砾石土或块石土等透水性好、抗剪强度高的材料

任务 3
排水工程施工

中国路

古代工匠"堑山堙(yin)谷",修筑直道。在秦直道堑山路示意图(见图 2.19)中,我们发现堑山路内侧几乎所有路段都有排水沟。秦直道的修建非常重视道路排水,在道路修建过程中将路面中间修建得高于两边,以利于排水,这与今天的道路完全吻合。此外,秦直道沿线发现大量排水沟,在雨季的时候将路面雨水排入排水沟,使雨水经排水沟流到山谷,减少路面积水,利于道路畅通。2000 多年前,古人就掌握了道路排水的重要性,在道路修筑中建立了完备的排水系统。

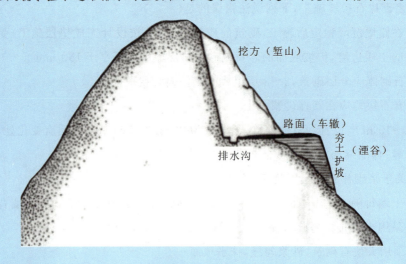

图 2.19 秦直道堑山路示意图

中国古代的长安城,依据地势,采取了东南高、西北低的建筑布局。雨水顺着地势往低处流去,降低了出现城市水涝的可能性。长安城的道路也采取中间高、两边低的结构,在道路两旁修建有专门的排水沟。这些排水沟通常深3.6 m,宽1 m左右,底部和沟壁通常砌砖石,提升使用寿命。永安渠、清明渠和龙首渠等在流经城内的里坊和池苑后,注入渭河和浐河,除供应城市用水外,也起到分洪的作用。

唐长安城内的排水暗渠为防止渠道淤塞,还分段安装了多道铁质闸门。第一道闸门由铁条构成直棂窗,拦阻较大的垃圾、杂物;第二道闸门布满细小的菱形镂孔,可以滤出较小的杂物。闸门拆卸自如,方便疏通,可以说是初级的水处理装置了。

1. 了解地表排水设施及地下排水设施的类型及适用条件。
2. 掌握地表排水设施的施工流程要点及质量标准。
3. 掌握地下排水设施的施工流程要点及质量标准。

识读工程案例,完成任务。

任务:识读某道路排水结构图,如图2.20所示。

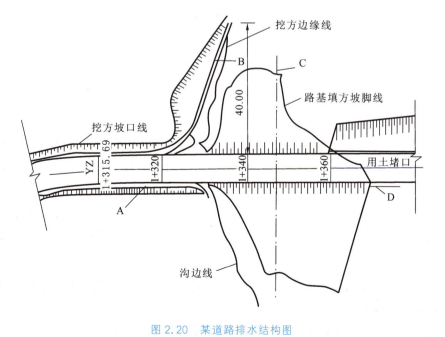

图2.20 某道路排水结构图

回答下列问题。

1. 写出 A、B、C、D 四个排水设施的名称(从边沟、急流槽、涵洞中选择填写)。
2. 急流槽的施工要点是什么?
3. 急流槽质量标准需检测哪些项目?

_____

_____

(微课二维码)

3.1 地表排水施工

3.1.1 边沟、截水沟、排水沟

1. 适用条件

1) 边沟

边沟是挖方路基路肩外侧及低填方路基坡脚外侧,与路中心线平行的路肩外缘设置的纵向人工沟渠。其主要功能是汇集和排除路基范围内和流向路基的少量地面水,以保证路基稳定。

边沟排水量不大,一般不需要进行水文、水力计算,依沿线具体条件,直接选用标准横断面即可。边沟紧靠路基,通常不允许其他排水沟渠的水流进入,也不能与其他人工沟渠合并使用。

边沟不宜过长,应尽量使沟内水流就近排至路旁自然水沟或低洼地带,必要时增设涵洞,将边沟水流引入路基另一侧排出。

边沟的纵坡(出水口附近除外)一般与路线纵坡一致。平坡路段,边沟仍应保持 0.3%~0.5% 的最小纵坡。

边沟可采用三角形、流线型、梯形或矩形横断面,如图 2.21 所示。

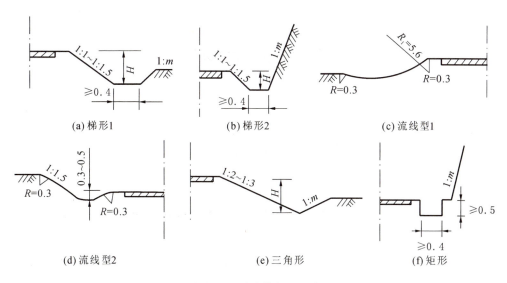

图 2.21 边沟横断面形式

2) 截水沟

截水沟是设置在挖方路基边坡顶以外或山坡路堤上方的适当位置,用以拦截路基上方流向路基的地面水,减轻边沟的水流负担,保护挖方边坡和填方坡脚不受水流冲刷和损害的人工沟渠。

挖方坡顶至截水沟的距离一般为 5 m,土质不良地段可取 10 m 或更大。截水沟下方一侧,可堆置挖沟的土方,要求做成顶部向沟倾斜 2% 的土台,如图 2.22 所示。

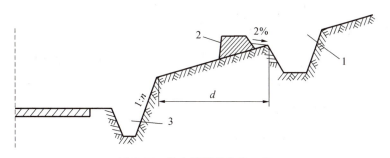

图 2.22 挖方路段截水沟示意

1—截水沟;2—土台;3—边沟

山坡填方路段可能遭上方水流作用,此时必须设截水沟,以拦截山坡水流,保护路堤,如图 2.23 所示。截水沟与坡顶之间,要有不小于 2.0 m 的间距,做成向截水沟倾斜 2% 的横坡。截水沟长度以 200~500 m 为宜,超过 500 m 时,可在中间适宜位置增设泄水口,由急流槽或急流管将水分流排引。

截水沟一般采用梯形横断面,边坡坡度为 1:1.0~1:1.5,沟底宽度与沟的深度不宜小于 0.5 m,地质或土质条件差,有可能产生渗漏或变形时,应采取相应的防护措施。

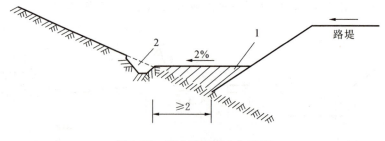

图 2.23 填方路段截水沟示意

1—土台；2—截水沟

3）排水沟

排水沟主要用于排除来自边沟、截水沟或其他水源的水流，并将其引至路基范围以外的指定地点。

排水沟的布置必须结合地形条件，因势利导，离路基尽可能远些，平面上力求短捷平顺，以直线为宜，转向采用大半径缓慢改变方向。排水沟距路基坡脚的距离一般不宜小于 3 m，也不宜超过 300 m，沟底纵坡坡度以 1‰～3‰ 为宜。当纵坡坡度大于 3‰ 时，应采取加固措施；大于 7‰ 时，应改用跌水或急流槽。

排水沟的断面形式一般为梯形，其截面尺寸由水力、水文计算确定。用于山沟、截面水沟及取土坑出水口处的排水沟，由于其流量较小，不需特殊计算，但底宽与沟深均不得小于 0.5 m，土沟的边坡率可取 1∶1～1∶1.5。

2. 边沟、截水沟、排水沟施工流程

水泥混凝土水沟施工流程：测量、放线→沟槽开挖→立模→混凝土浇筑→养护。

浆砌片石水沟施工流程：测量、放样→沟槽开挖→基底检测→片石砌筑→勾缝→养护。

边沟、截水沟、排水沟施工

3. 施工要点

（1）边沟施工，沟底纵坡应衔接平顺。

（2）截水沟应先施工，与其他排水设施衔接时应平顺，纵坡坡度宜不小于 0.3‰。

（3）不良地质路段、土质松软路段、透水性大或岩石裂隙多地段的截水沟沟底、沟壁、出水口应进行防渗及加固处理。

（4）排水沟线形应平顺，转弯处宜为弧线形。

（5）排水沟的出水口，应设置跌水或急流槽，水流应引出路基或引入排水系统。

（6）采用浆砌片石铺砌时，砌缝砂浆应饱满，沟身不漏水；沟底采用抹面时，抹面应平整压光。

4. 质量标准

排水设施外观质量应符合以下规定,施工质量标准如表 2.24 和表 2.25 所示。

(1)纵坡顺适,曲线线形圆滑。

(2)沟壁平整、稳定,无贴坡。沟底平整,排水畅通,无冲刷和阻水现象。

(3)各类防渗、加固设施坚实稳固。

(4)浆砌片石工程嵌缝均匀、饱满、密实,勾缝平顺、无脱落、密实、美观,缝宽均衡协调;砌体咬合紧密;抹面平整、压光、顺直,无裂缝、空鼓。

(5)干砌片石工程砌筑咬合紧密,无叠砌、贴砌和浮塞。

(6)水泥混凝土砌块的强度满足设计要求,砌体平整,勾缝整齐牢固。

(7)基础与墙身设置的伸缩缝、沉降缝应垂直对齐。

表 2.24 浆砌水沟施工质量标准

项次	检查项目	规定值或允许偏差	检查方法和频率
1	砂浆强度	在合格标准内	按《公路工程质量检验评定标准 第一册 土建工程》(JTG F80/1—2017)附录 F 检查
2	轴线偏位/mm	50	全站仪或尺量:每 200 m 测 5 点
3	沟底高程/mm	±15	水准仪:每 200 m 测 5 点
4	墙面直顺度/mm	30	20 m 拉线:每 200 m 测 2 点
5	坡度	满足设计要求	坡度尺:每 200 m 测 2 点
6	断面尺寸/mm	±30	尺量:每 200 m 测 2 个断面且不少于 5 个断面
7	铺砌厚度	≥设计值	尺量:每 200 m 测 4 处
8	基础垫层宽度、厚度	≥设计值	尺量:每 200 m 测 4 处

注:跌水、急流槽、水簸箕等其他浆砌排水工程的质量标准也应符合本表的规定。

表 2.25 混凝土水沟施工质量标准

项次	检查项目	规定值或允许偏差	检查方法和频率
1	混凝土强度	在合格标准内	按《公路工程质量检验评定标准 第一册 土建工程》(JTG F80/1—2017)附录 D 检查
2	轴线偏位/mm	50	全站仪或尺量:每 200 m 测 5 点
3	沟底高程/mm	±15	水准仪:每 200 m 测 5 点
4	墙面直顺度/mm	20	20 m 拉线:每 200 m 测 2 点
5	坡度	满足设计要求	坡度尺:每 200 m 测 2 点
6	断面尺寸/mm	±20	尺量:每 200 m 测 2 个断面且不少于 5 个断面
7	混凝土厚度	≥设计值	尺量:每 200 m 测 2 点
8	边墙顶高程/mm	−15,0	水准仪:每 200 m 测 5 点

3.1.2 跌水、急流槽

1. 适用条件

跌水和急流槽均可用于陡坡地段,沟底纵坡坡度可达 45°,是山区公路路基排水常见的结构物。由于纵坡陡峭、水流湍急、冲刷严重,跌水与急流槽的结构必须稳固耐久,通常采用浆砌块石结构并应有相应的防护加固措施。

跌水可分为单级和多级,如图 2.24 和图 2.25 所示。单级跌水适用于排水沟渠连接处,由于水的落差较大,需要消能或改变水流方向。较长陡地段的沟渠,为减缓水流速度并消能,可采用多级跌水。

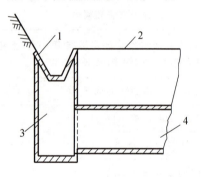

图 2.24　边沟与涵洞单级跌水连接

1—边沟;2—路基;3—跌水井;4—涵洞

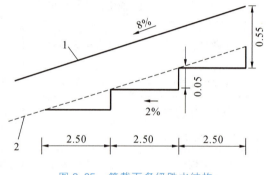

图 2.25　等截面多级跌水结构

1—沟顶线;2—沟底线

跌水两端的土质沟渠,应注意加固,保持水流畅通,不致产生水流冲刷和淤积,以充分发挥跌水的排水效能。

在路堤和路堑坡面、坡面平台上从坡顶向下竖向集中排水或截水沟、排水沟纵坡坡度较大时,可设置急流槽或急流管。

急流槽的纵坡,比跌水的纵坡更陡,结构的坚固、稳定性要求更高,是沟通上下路线基排水及沟渠出水口的一种常见排水设施。

急流槽主体部分的纵坡依地形而定,一般可达 1∶1.5。急流槽可采用由浆砌片石铺砌的矩形横断面或者由水泥混凝土预制件铺筑的矩形横断面。

2. 施工流程

场地平整→施工放样→开槽→挖防滑平台→铺设土工布及砂垫层→现浇 C30 混凝土槽→现浇消力槛→拆模→洒水养护。

3. 施工要点

1）急流槽

（1）基础应嵌入稳固的基面,底面应按设计要求砌筑抗滑平台或凸榫,超挖、局部坑洞应采用相同材料与急流槽同时施工。

跌水、急流槽施工

（2）浆砌片石砌体应砂浆饱满,砌缝宽度应不大于 40 mm,槽底表面应粗糙。

（3）急流槽应分节砌筑,分节长度宜为 5~10 m,接头处应采用防水材料填缝。混凝土预制块急流槽的分节长度宜为 2.5~5.0 m,接头应采用榫接。

（4）急流槽进水口的喇叭型水簸箕应与排水设施衔接平顺,汇集路面水流的水簸箕底口不得高于接口的路肩表面。

2）跌水

（1）跌水施工应符合急流槽施工的有关规定。

（2）无消力池的跌水的台阶高度应小于 600 mm,每个台阶高度与长度之比应与原地面坡度相协调。

（3）消力池的基底应采取防渗措施。

4. 质量标准

跌水、急流槽施工质量标准如表 2.26 所示。

表 2.26 跌水、急流槽施工质量标准

序号	检查项目		规定值或允许偏差	检查方法和频率
1	砂浆强度		符合设计要求	同一配合比,每台班测 2 组
2	轴线偏/mm		50	经纬仪;每 200 m 测 8 处
3	墙面	直顺度/mm	30	20 m 拉线
		坡度	符合设计要求	坡度尺;每 200 m 测 4 处
4	断面尺寸/mm		±30	尺量;每 200 m 测 4 处
5	铺砌厚度		不小于设计值	尺量;每 200 m 测 4 处
6	基础垫层宽度、厚度		不小于设计值	尺量;每 200 m 测 4 处
7	沟底高程/mm		±15	水准仪;每 200 m 测 8 点

3.2 地下排水施工

当地下水露出路基范围或地下水位较高,影响路基、路面强度或边坡稳定时,应设置地

路基地下排水施工

下排水设施加以排除。

常用的地下排水设施有暗沟（管）、渗沟、渗井等。排水设施的类型、设置地点及尺寸应根据工程地质和水文地质条件决定。地下排水设施埋置于地面以下，不易维修，在路基建成后又难以查明失效情况，因此要求地下排水设施牢固有效。

3.2.1 暗沟、渗沟

1. 适用条件

1）暗沟

暗沟的主要作用是把路基工作区范围内及其以下较浅的集中泉眼或渗沟所拦截、汇集的水流，排到路基范围之外。暗沟还可用于城市道路的污水管或雨水管；高速公路、一级公路中央分隔带有雨水浸入时，通过雨水口将水流引入地下暗沟，然后排到路基范围之外。

应在路基填土前或开挖后，按泉眼范围、流量或渗沟汇集的水流情况，确定暗沟断面的尺寸。在泉眼处用浆砌块石或水泥混凝土圈井，上面加盖板，然后在井壁上连接暗沟。暗沟敷设施工完毕后，恢复正常的路基填筑。当暗沟沟底高程处于路基工作区内或以下不深时，暗沟必须进行防渗封闭，保证路基工作在干燥或中湿状态。暗沟沟底纵坡应不小于1%，出水口沟底高程应高出沟外最高水位20 cm，以防水流倒灌。寒冷地区的暗沟应采取防冻保温处理措施或将暗沟设在冰冻深度以下。

2）渗沟

采用渗透方式将路基工作区或以下较浅的大面积地下水汇集于沟内，并沿沟把水排到指定地点，这种地下排水设施统称为渗沟。根据地下水分布及影响路基情况的不同，渗沟可用于拦截、汇集和排除流向路基的地下水。

按照需要排水流量的不同，渗沟大致有填石渗沟、管式渗沟和洞式渗沟三种。渗沟均由封闭层、排水层（碎砾石缝或管、洞）和反滤层组成。

① 填石渗沟（盲沟）。盲沟一般用于流量不大、渗沟长度不长的地段。排水层可采用石质坚硬的较大颗粒填充，以保证具有足够的孔隙率，排出设计流量的水。其纵坡坡度应不小于1%，一般可采用5%。

② 管式渗沟。管式渗沟适用于有一定流量、渗沟较长的地段，但渗沟纵向长度不应大于350 m。若渗沟过长，应加设横向泄水管，将渗沟内的水流迅速分段排除。其最小纵坡坡度为0.5%。

③ 洞式渗沟。洞式渗沟适用于地下水流量较大或缺少圆管时，可采用石砌涵洞形式。洞身断面大小依设计流量而定。涵洞可用浆砌片石筑成，用带泄水小孔的混凝土盖板或条石覆盖。沟底纵坡坡度最小为0.5%，有条件时可适当采用较大纵坡，以利排水。

2. 施工流程

施工准备→测量放样→沟槽开挖→砌筑加固→回填夯实→检查验收。

3. 施工要点

1）暗沟

① 沟底应埋入不透水层，沟壁最低一排渗水孔应高出沟底 200 mm 以上。进口应采取截水措施。

② 暗沟、暗管设在路基侧面时，宜沿路线方向布置。

③ 暗沟、暗管设在低洼地带或天然沟谷时，宜沿沟谷走向布置。

④ 寒冷地区的暗沟应做好防冻保温处理，出水口坡度宜不小于 5%。

⑤ 暗沟采用混凝土或浆砌片石砌筑时，沟壁与含水层接触面应设置一排或多排向沟中倾斜的渗水孔，沟壁外侧应填筑粗粒透水性材料或土工合成材料形成反滤层。沿沟槽底每隔 10～15 m 或在软、硬岩层分界处应设置沉降缝和伸缩缝。

⑥ 暗沟顶面应设置混凝土盖板或石料盖板，板顶上填土厚度应不小于 500 mm。

⑦ 暗管宜使用钢筋混凝土圆管、PVC 管、钢波纹管等，管壁与含水层接触面应设置渗水孔，沟壁外侧应填筑粗粒透水性材料或设置土工合成材料形成反滤层。

⑧ 暗沟、暗管及检查井应采用透水性材料分层回填，层厚宜不大于 150 mm，材料粒径宜不大于 50 mm。

2）渗沟

① 渗沟应设置排水层、反滤层和封闭层。

② 渗水材料应采用洁净的砂砾、粗砂、碎石、片石，其中粒径小于 2 mm 的颗粒含量不得大于 5%。渗沟沟壁反滤层应采用透水土工织物或中粗砂，渗水管可选用带孔的 HPPE 管、PVC 管、PE 管、软式透水管、无砂混凝土管等。

③ 渗沟宜从下游向上游分段开挖，开挖作业面应根据土质选用合理的支撑形式，应边挖边支撑，应及时回填渗水材料。

④ 渗水材料的顶面不得低于原地下水位。当用于排除层间水时，渗沟底部应埋置在最下面的不透水层。在冰冻地区，渗沟埋置深度不得小于当地最小冻结深度，渗沟出口应进行防冻处理。

⑤ 渗沟基底应埋入不透水层不小于 0.5 m，沟壁的一侧应设反滤层汇集水流，另一侧用黏土夯实或浆砌片石拦截水流。渗沟沟底不能埋入不透水层时，两侧沟壁均应设置反滤层。

⑥ 粒料反滤层应分层填筑。坑壁土质为黏质土、粉砂、细砂；采用无砂混凝土板作为反滤层时，在无砂混凝土板的外侧，应加设 100～150 mm 厚的中粗砂或渗水土工织物。

⑦ 渗沟顶部封闭层宜采用干砌片石水泥砂浆勾缝或浆砌片石等，寒冷地区应设保温层，并加大出水口附近纵坡坡度。保温层可采用炉渣、砂砾、碎石或草皮等。

⑧ 路基基底的填石渗沟，应采用水稳性好的石料，其饱水抗压强度应不小于 30 MPa，

粒径应为 100～300 mm。

⑨ 管式渗沟宜间隔一定距离设置疏通井和横向泄水管，分段排除地下水。渗水孔应在管壁上交错布置，间距宜不大于 200 mm。

⑩ 洞式渗沟顶部应设置封闭层，厚度应不小于 500 mm。

4. 质量标准

渗沟施工质量标准如表 2.27 所示。

表 2.27　渗沟施工质量标准

项次	检查项目	规定值或允许偏差	检查方法和频率
1	沟底高程/mm	±15	水准仪：每 20 m 测 2 点
2	断面尺寸	≥设计值	尺量：每 20 m 测 2 处

3.2.2　渗井

1. 适用条件

平原地区，当路基设计高程不高，但地下水位较高而影响路基工作区时，可设置竖直方向排水设施，把附近上部的地下水渗流引排到深部的潜水层或透水层。这种局部降低路基范围内地下水位的竖向排水设施称为渗井，如图 2.26 所示。

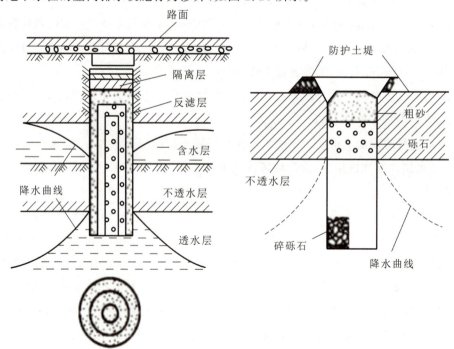

图 2.26　渗井结构

渗井属于竖直方向的排水设施。渗井的下部必须穿过不透水层而深达透水层。井（孔）内由中心向四周按层次分别填入由粗至细的砂石材料，中心粗料渗水，四周细料反滤。填充料要经筛分冲洗。施工时需用铁皮套筒分隔，以便分别填入不同粒径的材料。不得粗细混杂，以保证渗井达到预期排水效果。

渗井的行、列间距布置，以满足路基范围内原地下水位降低并脱离路基工作区，使该区内能保持工作在干燥、中湿状态为准则，需根据渗流流量计算确定。

2. 施工流程

施工准备→测量放样→开挖渗井→集料填充→井顶封闭→检查验收。

3. 施工要点

（1）渗井应边开挖边支撑，应采取照明、通风、排水措施。

（2）填充料应在开挖完成后及时回填。不同区域的填充料应采用单一粒径分层填筑，小于 2 mm 的颗粒含量不得大于 5%。透水层范围宜填碎石或卵石，不透水范围宜填粗砂或砾石。井壁与填充料之间应设反滤层，填充料与反滤层应分层同步施工。

（3）渗井顶部四周应采用黏土填筑围护并应加盖封闭。

4. 质量标准

渗井施工质量标准如表 2.28 所示。

表 2.28 渗井施工质量标准

项次	检查项目		规定值或允许偏差	检查方法和频率
1	各节渗井混凝土强度		在合格标准内	按《公路工程质量检验评定标准 第一册 土建工程》(JTG F80/1—2017)附录 D 检查
2	渗井平面尺寸/mm	长、宽	±0.5%，大于 24 m 时为 ±120	尺量
		半径	±0.5%，大于 12 m 时为 ±60	
3	顶、底面中心偏位（纵、横向）		1/50 井高	全站仪
4	渗井最大倾斜度（纵、横向）		1/50 井高	铅垂法
5	平面扭转角/°		1	铅垂法：测垂直两个方向
6	渗井刃脚高程		符合图纸要求	水准仪
7	过滤集料级配		满足设计要求	每个渗井测 1 组
8	过滤集料强度		满足设计要求	每处或 100 m 测 1 组
9	土工材料位置、下承层平整度		满足设计要求	每个渗井测 2 处
10	搭接宽度/mm		+50，-0	抽查 5%

课后巩固

一、单项选择题

1. 在路基工程中,用于排除地下水的设施是( )。
   A. 拦水带　　　　B. 急流槽　　　　C. 截水沟　　　　D. 渗井

2. 某路基换填施工,换填深度为 2 m,地下水位为地面以下 1.8～2.0 m,含水层以下为非透水层。为降低和拦截地下水,在换填边界处宜设置( )。
   A. 渗井　　　　　B. 急流槽　　　　C. 蒸发池　　　　D. 填石渗沟

3. 需要设置反滤层的排水设施是( )。
   A. 管式渗沟　　　B. 边沟　　　　　C. 急流槽　　　　D. 检查井

4. 截水沟的边缘离开挖方路基坡顶的距离视土质而定,一般土质至少应离开( )。
   A. 2 m　　　　　B. 3 m　　　　　C. 4 m　　　　　D. 5 m

5. 拦水路缘石设置的位置是( )。
   A. 路肩上　　　　B. 边沟里　　　　C. 涵洞前　　　　D. 检查井中

二、判断题

1. 边沟的纵坡宜与路线纵坡一致并不宜小于 0.3%,以防止淤积,困难情况下容许减至 0.1%。　　　　　　　　　　　　　　　　　　　　　　　　　　　　( )

2. 边沟的单向排水长度一般不宜超过 500 m。若超过此值,则添设排水沟和涵洞,将水引出路基范围。　　　　　　　　　　　　　　　　　　　　　　　( )

项目 3 路面施工手册

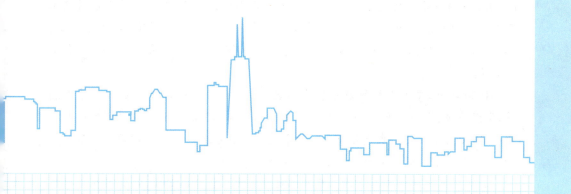

任务 1 路面基层施工

中国路

青藏公路东起青海省西宁市,西止西藏拉萨市,于1950年动工,于1954年通车,是世界上海拔最高、路线最长的柏油公路。青藏公路全长1937 km,为国家二级公路干线,路基宽10 m,坡度小于7%,最小半径为125 m,最大行车速度为60 km/h。全线平均海拔在4000米以上,虽然路线的海拔高,但登上昆仑山后高原面系古老的湖盆地貌类型,起伏平缓,共修建涵洞474座。桥梁60多座,总长1347 km。初期修建、改建公路和设备购置总投资4050亿元,每千米平均造价为2.52亿元。

1950年初,中国人民解放军挺进西藏,与藏族同胞一起发扬艰苦奋斗的精神,历经艰险、排除万难,在世界屋脊上修通了全长4360余千米的川藏公路和青藏公路,使西藏人民用现代化交通运输取代了千百年来人背畜驮的极其落后的运输方式,开创了西藏交通事业发展的新篇章。

青藏公路是西藏与其他地区联系的重要通道。在公路时代,它承担着85%以上进藏物资和90%以上出藏物资的运输任务,在西藏经济发展和社会稳定中发挥着重要作用,被誉为西藏的"生命线"。

学习目标

1. 了解路面基层的类型及适用条件。
2. 掌握粒料类基层的施工流程要点及质量标准。
3. 掌握半刚性基层的施工流程要点及质量标准。

案例任务

识读工程案例,完成任务。

任务1:作为项目部的施工员,根据工程图纸(见图3.1),查阅规范《公路路面基层施工技术细则》(JTG/T F20—2015),完成施工方案编写。

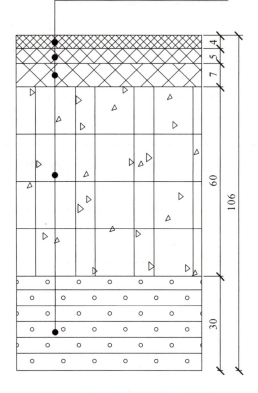

图3.1 某一级公路路面工程图纸

项目名称:某一级公路路面工程。

上面层:4 cm厚细粒式沥青混凝土SMA-13C。

中面层:5 cm厚中粒式沥青混凝土AC-16C。

下面层:7 cm厚粗粒式沥青混凝土AC-25C。

稀浆封层:0.6 cm厚ES-2型稀浆封层。

基层:60 cm厚水泥稳定碎石。

底基层:30 cm厚砂砾垫层。

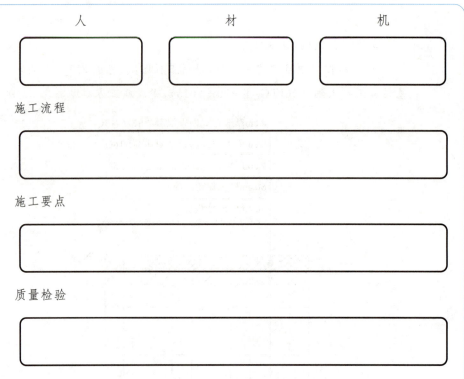

任务2：根据路面基层无机结合料稳定材料配合比设计流程图（见图3.2）回答问题。

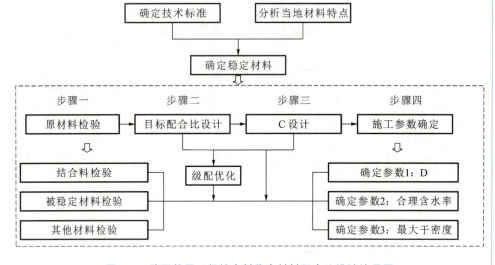

图3.2 路面基层无机结合料稳定材料配合比设计流程图

1.写出步骤三中C设计、步骤四中D参数的名称。
2.写出检测参数3可采用的试验方法。

任务知识点

（微课二维码）

1.1 粒料类基层施工

粒料类基层包括嵌锁型和级配型两种。嵌锁型包括泥结碎石、泥灰结碎石、填隙碎石等。级配型包括级配碎石、级配砾石，符合级配的天然砂砾，部分砾石经轧制掺配而成的级配砾、碎石等。

填隙碎石可用于各等级公路的底基层和二级以下公路的基层。

级配碎石可用于各级公路的基层和底基层；还可用于较薄沥青面层与半刚性基层之间的中间层，减小半刚性沥青路面反射裂缝的作用。

级配砾石、级配碎、砾石以及符合级配、塑性指数等技术要求的天然砂砾，可用于轻交通的二级和二级以下公路的基层以及各级公路的底基层。

1.1.1 填隙碎石基层

填隙碎石用单一尺寸的粗碎石作为主骨料，形成嵌锁结构，起承受和传递车轮荷载的作用；用石屑作为填隙料，填满碎石间的孔隙，增加密实度和稳定性。以填隙碎石铺筑的基层称为填隙碎石基层。

1. 材料要求

（1）填隙碎石用于基层时，碎石的最大粒径不应超过 53 mm；用于底基层时，碎石的最大粒径不应超过 63 mm。

（2）粗碎石可以用具有一定强度的各种岩石或漂石轧制，但漂石的粒径应为粗碎石最大粒径的 3 倍以上；粗碎石也可以用稳定的矿渣轧制，矿渣的干密度和质量应比较均匀且其干密度不小于 960 kg/m³。

（3）材料中的扁平、长条和软弱颗粒的含量不应超过 15%。

(4) 用于基层时，压碎值不大于 26%；用于底基层时，压碎值不大于 30%。

(5) 填隙料应干燥。

(6) 填隙碎石、粗碎石的颗粒组成如表 3.1 所示。

表 3.1 填隙碎石、粗碎石的颗粒组成

标准尺寸/mm	筛孔尺寸/mm							
	63	53	37.5	31.5	26.5	19	16	9.5
	通过质量百分率/(%)							
30～60	100	25～60		0～15		0～5		
25～50		100		25～50	0～15		0～5	
20～40			100	35～70		0～15		0～5

(7) 填隙碎石的颗粒组成如表 3.2 所示。

表 3.2 填隙碎石的颗粒组成

筛孔尺寸/mm	9.5	4.75	2.36	0.6	0.075
通过质量百分率/(%)	100	85～100	50～70	30～50	0～10

2. 施工流程

填隙碎石基(垫)层施工方法分干法和湿法两种，如图 3.3 所示。干法施工的填隙碎石特别适用于干旱缺水地区。

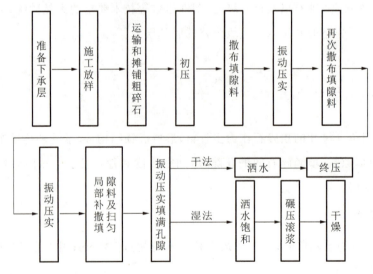

图 3.3 填隙碎石施工流程

3. 施工要点

(1) 宜采用振动压路机碾压，碾压后，表面骨料间的空隙应填满，但表面应看得见骨料。填隙碎石层上为薄沥青面层时，宜使骨料的棱角外露 3～5 mm。

(2) 碾压后基层的固体体积率宜不小于85%,底基层的固体体积率宜不小于83%。

(3) 填隙碎石基层未洒透层沥青或未铺封层时,不得开放交通。

(4) 应根据各路段基层或底基层的宽度、厚度及松铺系数计算各段需要的骨料数量,应根据运料车辆的车厢体积计算每车料的堆放距离。填隙料的用量宜为骨料质量的30%~40%。

(5) 材料装车时,应控制每车料的数量基本相等。

(6) 应由远到近将骨料按计算的距离卸置下承层上,应严格控制卸料距离。

填隙碎石基层施工

(7) 用平地机或其他合适的机具将骨料均匀地摊铺在预定的范围内,表面应平整并有规定的路拱,应同时摊铺路肩用料。

(8) 应检验松铺材料层的厚度,不满足要求时应减料或补料。

(9) 填隙碎石干法施工的施工要点如下。

① 初压宜用两轮压路机碾压 3~4 遍,使骨料稳定就位;初压结束时,表面应平整并具有规定的路拱和纵坡。

② 填隙料应采用石屑撒布机或类似的设备均匀地撒铺在已压稳的骨料层上,松铺厚度宜为 25~30 mm;必要时,可用人工或机械扫匀。

③ 应采用振动压路机慢速碾压,将全部填隙料振入骨料间的空隙。无振动压路机时,可采用重型振动板。路面两侧宜多压 2~3 遍。

④ 再次撒布填隙料的松铺厚度宜为 20~25 mm,应用人工或机械扫匀。

⑤ 再次振动碾压时,局部多余的填隙料应扫除。

⑥ 碾压后,应对局部填隙料不足之处进行人工找补并用振动压路机继续碾压,直到全部空隙被填满;应将局部多余的填隙料扫除。

⑦ 填隙碎石表面空隙全部填满后,宜再用重型压路机碾压 1~2 遍。在碾压过程中,不应有任何蠕动现象。在碾压之前,宜在表面洒少量水,洒水量宜不少于 3 kg/m²。

⑧ 需分层铺筑时,应将已压成的填隙碎石层表面骨料外露 5~10 mm,然后在其上摊铺第二层骨料。

(10) 填隙碎石湿法施工的施工要点如下。

① 开始工序应与干法施工要求相同。

② 骨料层表面空隙全部填满后,宜立即用洒水车洒水,直到饱和。

③ 宜用重型压路机跟在洒水车后碾压。应将湿填隙料及时扫入出现的空隙;必要时,宜再添加新的填隙料。

④ 应洒水碾压至填隙料和水形成粉浆,粉浆应填塞全部空隙并在压路机轮前形成微波纹状。

⑤ 碾压完成的路段应让水分蒸发一段时间,结构层变干后,应将表面多余的细料以及

细料覆盖层扫除干净。

⑥ 需分层铺筑时,宜待结构层变干后,将已压成的填隙碎石层表面的填隙料扫除一些,使表面骨料外露5~10 mm,然后在其上摊铺第二层骨料。

4. 质量标准

填隙碎石(矿渣)基层和底基层实测项目如表3.3所示。

表3.3 填隙碎石(矿渣)基层和底基层实测项目

项次	检查项目		规定值或允许偏差				检查方法和频率	权值
			基层		底基层			
			高速公路、一级公路	其他公路	高速公路、一级公路	其他公路		
1	压实度/(%)	代表值	85	83	83		按《公路工程质量检验评定标准 第一册 土建工程》(JTG F80/1—2017)附录B检查,每200 m、每车道测2处	3
		极值	82	80	80			
2	弯沉值		符合设计要求		符合设计要求		按《公路工程质量检验评定标准 第一册 土建工程》(JTG F80/1—2017)附录J检查	3
3	平整度/mm		12	12	15		3 m直尺:每200 m测2处×10尺	2
4	纵断高程/mm		+5,-15	+5,-15	+5,-20		水准仪:每200 m测4个断面	1
5	宽度		不小于设计值		不小于设计值		尺量:每200 m测4处	1
6	厚度/mm	代表值	-10	-10	-12		按《公路工程质量检验评定标准 第一册 土建工程》(JTG F80/1—2017)附录H检查,每200 m、每车道测1点	2
		合格值	20	25	30			
7	横坡坡度/(%)		±0.5	±0.3	±0.5		水准仪:每200 m测4个断面	1

1.1.2 级配碎、砾石基层

粗、细碎石集料和石屑各占一定比例的混合料,当其颗粒组成符合密实级配要求时,称为级配碎石。

粗、中、小砾石集料和砂各占一定比例的混合料,当其颗粒组成符合规定的密实级配要求且塑性指标和承载比均符合规定要求时,称为级配砾石。

1. 材料要求

1）碎石

轧制碎石的材料可以是各种类型的岩石（软质岩石除外）、圆石或矿渣。圆石的粒径应是碎石最大粒径的 3 倍以上；矿渣应是已崩解稳定的，其干密度和质量应比较均匀，干密度不小于 960 kg/m³。

2）粒径

级配碎石或砾石用作基层时，高速公路和一级公路公称最大粒径应不大于 26.5 mm，二级及二级以下公路公称最大粒径应不大于 31.5 mm；用作底基层时，公称最大粒径应不大于 37.5 mm。

3）针片状颗粒

碎石中针片状颗粒的总含量应不超过 20%。碎石中不应有黏土块、植物等有害物质。

4）颗粒组成和塑性指数

级配碎石或级配碎、砾石用作二级和二级以下公路的基层时的颗粒组成和塑性指数应满足表中 1 号级配，级配碎石用作高速公路和一级公路的基层时的颗粒组成和塑性指数应满足表中 2 号级配，如表 3.4 所示。级配曲线宜为圆滑曲线。

表 3.4 级配碎石或级配碎、砾石的指标

编号		1	2
通过右侧筛孔的重量百分率/(%)	37.5	100	
	31.5	90～100	100
	19.0	73～88	85～100
	9.5	49～69	52～74
	4.75	29～54	29～54
	2.36	17～37	17～37
	0.6	8～20	8～20
	0.075	0～7	0～7
液限/(%)		小于 28	小于 28
塑性指数		小于 6 或 9	小于 6 或 9

注：1. 潮湿多雨地区塑性指数不大于 6，其他地区塑性指数不大于 9。
2. 对于无塑性的混合料，小于 0.075 mm 的颗粒含量应接近高限，使压实后的基层透水性小。

5）压碎值

石料的压碎值要求如表 3.5 所示。

表 3.5　石料的压碎值要求

层位	高速公路和一级公路	二级公路	二级以下公路
基层	不大于 26%	不大于 30%	不大于 35%
底基层	不大于 30%	不大于 35%	不大于 40%

6）石屑或细集料

石屑和细集料可以使用一般碎石场的细筛余料或专门轧制的细碎石集料，也可以用级配较好的天然砂砾或粗砂代替石屑。

2. 施工流程

1）路拌法

路拌法适用于各级公路的底基层和三、四级公路的基层施工。

工艺流程：准备下承层→施工放样→备料→运输→摊铺→拌和→整形→碾压和接缝处理。

2）厂拌法

厂拌法适用于半刚性路面的中间层以及二级以上公路的基层。

工艺流程：准备下承层→施工放样→备料→拌和→运输→摊铺→整形→碾压和接缝处理。

3. 施工要点

1）路拌法

（1）准备下承层。

① 下承层应该平整、坚实，具有规定的路拱、平整度和压实度，没有任何松散的材料和软弱地点。

② 用 12～15 t 三轮压路机或等效的碾压机械进行碾压，3～4 遍。

③ 进行压实度、弯沉、高度、宽度的检验。

（2）施工放样。

在底基层或老路面及土基上恢复中线，直线段每 15～20 m 设一桩，平曲线段每 10～15 m 设一桩，在两侧路肩边缘外设指示桩。在两侧指示桩上用明显标记标出级配碎石层边缘的设计标高。

（3）备料。

① 计算材料用量。

采用未筛分碎石和石屑组成级配碎石时，按要求计算未筛分碎石和石屑的配合比。

采用不同粒级的单一尺寸碎石和石屑组成级配碎石时，按要求计算不同粒级碎石和石屑的配合比。

根据各路段基层或底基层的宽度、厚度及规定的压实干密度,按确定的配合比分别计算各段需要的未筛分碎石和石屑的数量或不同粒级碎石和石屑的数量,计算每车料的堆放距离。

② 未筛分碎石的含水量宜比最佳含水量大 1% 左右。

(4) 拌和。

① 对于二级及二级以上公路,应采用专用稳定土拌和机拌和级配碎石。对于二级以下的公路,在无稳定土拌和机的情况下,可采用平地机或多铧犁与缺口圆盘耙配合进行拌和。

② 用平地机进行拌和,宜翻拌 5~6 遍,使石屑均匀分布于碎石料中。平地机拌和的作业长度,每段宜为 300~500 m。混合料的含水量应均匀并比最佳含水量大 1% 左右,应没有粗细颗粒离析现象。

③ 用稳定土拌和机应拌和两遍以上。拌和深度应直到级配碎石层底。在进行最后一遍拌和之前,必要时先用多铧犁紧贴底面翻拌一遍。

④ 用缺口圆盘耙与多铧犁配合拌和级配碎石时,用多铧犁在前面翻拌,用圆盘耙紧跟在后面拌和,即采用边翻边耙的方法,共翻耙 4~6 遍。应随时检查调整翻耙的深度。

⑤ 用多铧犁翻拌时,第一遍由路中心开始,将混合料向中间翻,同时使机械慢速前进。第二遍从两边开始,将混合料向外翻。拌和过程中,应保持足够的水分。拌和结束时,混合料的含水量和均匀性应符合要求,比最佳含水量大 1% 左右,无离析现象。

⑥ 用拖拉机、平地机或轮胎压路机在已初平的路段上快速碾压一遍,以暴露潜在的不平整,再用平地机进行整平和整形。

(5) 运输和摊铺。

① 集料装车时,应控制每车料的数量基本相等。

② 在同一料场供料的路段内,宜由远到近卸集料。卸料距离应严格掌握,避免料不够或过多。未筛分碎石和石屑分别运送时,应先运送碎石。采用不同粒级的碎石和石屑时,应将大碎石铺在下层,中碎石铺在中层,小碎石铺在上层。洒水使碎石湿润后,再摊铺石屑。

③ 集料在下承层上的堆置时间不应过长。运送集料较摊铺集料工序宜只提前数天。

④ 应事先通过试验确定集料的松铺系数并确定松铺厚度。人工摊铺混合料时,其松铺系数为 1.40~1.50;平地机摊铺混合料时,其松铺系数为 1.25~1.35。

⑤ 用平地机或其他合适的机具将料均匀地摊铺在预定的宽度上,表面应力求平整,并具有规定的路拱。应同时摊铺路肩用料。

⑥ 检查松铺材料层的厚度,必要时,应进行减料或补料工作。

(6) 碾压。

① 整形后,当混合料的含水量等于或略大于最佳含水量时,立即用 12 t 以上三轮压路机碾压,每层的压实厚度不应超过 18 cm。用振动压路机或轮胎压路机进行碾压时,每层的

压实厚度不应超过 20 cm。

② 直线和不设超高的平曲线段,由两侧路肩开始向路中心碾压;在设超高的平曲线段,由内侧路肩向外侧路肩碾压。碾压时,后轮应重叠 1/2 轮宽;后轮必须超过两段的接缝处。后轮压完路面全宽时,即为一遍。碾压一直进行到达到要求的密实度。一般需碾压 6～8 遍,应使表面无明显轮迹。压路机的碾压速度,头两遍以 1.5～1.7 km/h 为宜,以后采用 2.0～2.5 km/h。

(7) 接缝处理。

① 横缝处理:两作业段的衔接处,应搭接拌和。第一段拌和后,留 5～8 m 不进行碾压;第二段施工时,前段留下未碾压部分与第一段一起拌和整平后进行碾压。

② 纵缝处理:应避免纵向接缝。在必须分两幅铺筑时,纵缝应搭接拌和。前一幅全宽碾压密实,在后一幅拌和时,应将相邻的前幅边部约 0.3 m 搭接拌和,整平后一起碾压密实。

2) 厂拌法

(1) 准备下承层、施工放样要求同路拌法施工。

(2) 备料。

宜采用不同粒级的单一尺寸的碎石和石屑,按预定配合比在拌和机内拌制级配碎石混合料。不同粒级的碎石和石屑等细集料应隔离,分别堆放。细集料应覆盖,防止雨淋。

(3) 拌和、运输。

① 不同粒级的碎石和石屑等细集料应隔离,分别堆放。细集料应覆盖,防止雨淋。

② 在正式拌制级配碎石混合料之前,必须先调试所用的厂拌设备,使混合料的颗粒组成和含水量都能达到规定的要求。

③ 如未筛分碎石或石屑的颗粒组成发生明显变化,应重新调试设备。

(4) 摊铺。

用沥青混凝土摊铺机或其他碎石摊铺机摊铺碎石混合料,摊铺机后面应设专人消除粗细集料离析现象。

(5) 碾压要求同路拌法施工。

(6) 接缝处理。

① 横缝处理。

用摊铺机摊铺混合料时,靠近摊铺机当天未压实的混合料,可与第二天摊铺的混合料一起碾压,但应注意此部分混合料的含水量。必要时,应人工补充洒水,使其含水量达到规定的要求。

② 纵缝处理。

a. 应避免纵向接缝。如摊铺机的摊铺宽度不够,宜采用两台摊铺机一前一后相隔 5～8 m 同步向前摊铺混合料。

b. 在仅有一台摊铺机的情况下,可先在一条摊铺带上摊铺一定长度后,再开到另一条摊铺带上摊铺,然后一起进行碾压。

c. 在不能避免的情况下,纵缝必须垂直相接,不应斜接,并按下述方法处理。

在前一幅摊铺时,在靠后一幅的一侧应用方木或钢模板支撑,方木或钢模板的高度与级配碎石层的压实厚度相同;在摊铺后一幅之前,将方木或钢模板除去。

如在摊铺前一幅时未用方木或钢模板支撑,靠边缘的 30 cm 左右难以压实,而且形成一个斜坡,在摊铺后一幅时,应先将未完全压实部分和不符合路拱要求部分挖松并补充洒水,待后一幅混合料摊铺后一起进行整平和碾压。

4. 质量标准

级配碎(砾)石基层和底基层实测项目如表 3.6 所示。

表 3.6　级配碎(砾)石基层和底基层实测项目

项次	检查项目		规定值或允许偏差				检查方法和频率	权值
			基层		底基层			
			高速公路、一级公路	其他公路	高速公路、一级公路	其他公路		
1	压实度/(%)	代表值	98	98	96	96	按《公路工程质量检验评定标准 第一册 土建工程》(JTG F80/1—2017)附录 B 检查,每 200 m,每车道测 2 处	3
		极值	94	94	92	92		
2	弯沉值		符合设计要求		符合设计要求		按《公路工程质量检验评定标准 第一册 土建工程》(JTG F80/1—2017)附录 J 检查	3
3	平整度/mm		8	12	12	15	3 m 直尺:每 200 m 测 2 处 ×10 尺	2
4	纵断高程/mm		+5,−10	+5,−15	+5,−15	+5,−20	水准仪:每 200 m 测 4 个断面	1
5	宽度		不小于设计值		不小于设计值		尺量:每 200 m 测 4 处	1
6	厚度/mm	代表值	−8	10	−10	12	按《公路工程质量检验评定标准 第一册 土建工程》(JTG F80/1—2017)附录 H 检查,每 200 m,每车道 1 点	2
		合格值	−15	−20	−25	−30		
7	横坡坡度/(%)		±0.3	±0.5	±0.3	±0.5	水准仪:每 200 m 测 4 个断面	1

1.2 半刚性基层施工

半刚性基层
原材料要求

在粉碎的或原状松散的土中掺入一定量的无机结合料(包括水泥、石灰或工业废渣等)和水,经拌和得到的混合料在压实与养护后,其抗压强度符合规定要求的材料称为无机结合料稳定材料,以此修筑的路面基层称为无机结合料稳定基层,也叫半刚性基层。

无机结合料稳定材料具有稳定性好、抗冻性能强、结构本身自成板体等特点,但抗裂性与耐磨性差。

根据无机结合料的不同,半刚性基层可分为水泥稳定类基层、石灰稳定类基层等。

1.2.1 水泥稳定类基层

水泥稳定类基层可分为水泥土(水泥稳定细粒土:砂性土、粉性土或黏性土)、水泥砂(细粒土和砂)、水泥碎石(级配碎石和未筛分碎石)、水泥石屑(碎石场细筛余料)、水泥石渣(采石场废料)。

水泥稳定类集料适用于各级公路的基层和底基层。

水泥稳定细粒土用于各级公路的底基层以及三、四级公路的基层。

1. 影响强度的因素

土质:除有机质或硫酸盐含量较高的土以外,各种砂砾土、砂土、粉土和黏土均可用水泥稳定,但稳定效果因土质而异。级配良好的碎(砾)石和砂砾,效果最好;其次是砂性土;再次是粉性土和黏性土。土的塑性指数不大于17。

水泥的成分和剂量(水泥质量/干土质量):各种水泥均可用于稳定土。矿物成分不同的水泥稳定效果有一定的差别。硅酸盐水泥的稳定效果好,铝酸盐水泥的稳定效果较差。优先选用终凝时间较长(6 h以上)的水泥。水泥剂量为4%~8%较为合理,多了就不经济,而且刚性大,容易开裂。

含水量:混合料中水不足不能保证水泥的完全水化和水解。水泥土中的水量不适宜不能保证大的土团被粉碎,也不能保证水泥在土中的均匀分布,更难以保证达到压实度的要求。

水泥正常水化所需的水量约为水泥质量的20%。对于砂性土,完全水化达到最高强度的含水量比最佳密度的含水量小;黏性土则相反。

施工工艺过程：水泥土从开始加水拌和到完成压实的延迟时间要尽可能最短，一般要在6 h以内。拌和越均匀，其强度和稳定性越高。在水泥终凝时间达不到规定要求时，可以使用一定剂量的缓凝剂。水泥稳定土需要湿法养护，以满足水泥水化形成强度的需要。

2. 材料要求

水泥：可采用普通硅酸盐水泥、矿渣硅酸盐水泥或火山灰质硅酸盐水泥。所用水泥初凝时间应大于3 h，终凝时间应大于6 h且小于10 h。不应使用早强、快硬及受潮变质的水泥。宜采用强度等级为32.5号或42.5号的水泥。

水：符合现行《生活饮用水卫生标准》(GB 5749—2022)的饮用水可直接作为基层、底基层材料拌和与养护用水。

拌和使用的非饮用水应进行水质检验，技术要求应符合表3.7的规定。

表3.7　非饮用水技术要求

项次	项目	技术要求	试验方法
1	pH	≥4.5	JCJ 63—2006
2	Cl^-含量/(mg/L)	≤3500	
3	SO_4^{2-}含量/(mg/L)	≤2700	
4	碱含量/(mg/L)	≤1500	
5	可溶物含量/(mg/L)	≤10 000	
6	不溶物含量/(mg/L)	≤5000	
7	其他杂质	不应有漂浮的油脂和泡沫及明显的颜色和异味	

粗集料：用作被稳定材料的粗集料宜采用各种硬质岩石或砾石加工成的碎石，也可直接采用天然砾石。粗集料应符合表3.8和表3.9的规定。

表3.8　粗集料技术要求

指标	层位	高速公路和一级公路				二级及二级以下公路		试验方法
		极重、特重交通		重、中、轻交通				
		Ⅰ类	Ⅱ类	Ⅰ类	Ⅱ类	Ⅰ类	Ⅱ类	
压碎值/(%)	基层	≤22	≤22	≤26	≤26	≤35	≤30	T 0316
	底基层	≤30	≤26	≤30	≤26	≤40	≤35	
针片状颗粒含量/(%)	基层	≤18	≤18	≤22	≤18	≤20		T 0312
	底基层	≤20		≤20		≤20		
0.075 mm以下粉尘含量/(%)	基层	≤1.2	≤1.2	≤2	≤2			T 0310
	底基层							
软石含量/(%)	基层	≤3	≤3	≤5	≤5			T 0320
	底基层							

应选择适当的碎石加工工艺,用于破碎的原石粒径应为破碎后碎石公称最大粒径的3倍以上。高速公路基层用碎石,应采用反击破碎的加工工艺。

表 3.9 粗集料规格要求

规格名称	工程粒径/mm	通过下列筛孔的质量百分率/(%)									公称粒径/mm
		53	37.5	31.5	26.5	19.0	13.2	9.5	4.75	2.36	
G1	20~40	100	90~100			0~10	0~5				19~37.5
G2	20~30		100	90~100		0~10	0~5				19~31.5
G3	20~25			100	90~100	0~10	0~5				19~26.5
G4	15~25			100	90~100	0~10	0~5				13.2~26.5
G5	15~20				100	90~100	0~10	0~5			13.2~19
G6	10~30		100	90~100			0~10	0~5			9.5~31.5
G7	10~25			100	90~100		0~10	0~5			9.5~26.5
G8	10~20				100	90~100	0~10	0~5			9.5~19
G9	10~15					100	90~100	0~10	0~5		9.5~13.2
G10	5~15					100	90~100	40~70	0~10	0~5	4.75~13.2
G11	5~10						100	90~100	0~10	0~5	4.75~9.5

细集料:细集料应洁净、干燥、无风化、无杂质,并有适当的颗粒级配。

细集料技术要求如表 3.10 所示。细集料规格要求如表 3.11 所示。

表 3.10 细集料技术要求

项目	水泥稳定	石灰稳定	石灰粉煤灰综合稳定	水泥粉煤灰综合稳定	试验方法
颗粒分析		满足级配要求			T 0302、T 0303、T 0327
塑性指数	≤17	15~20	12~20		T 0118
有机质含量/(%)	<2	≤10	≤10	<2	T 0313、T 0336
硫酸盐含量/(%)	≤0.25	≤0.8		≤0.25	T 0341

注:1. 水泥稳定包含水泥石灰综合稳定。
2. 应测定 0.075 mm 以下材料的塑性指数。

表 3.11 细集料规格要求

规格名称	工程粒径/mm	通过下列筛孔的质量百分率/(%)							公称粒径/mm
		9.5	4.75	2.36	1.18	0.6	0.3	0.15	0.075	
XG1	3~5	100	90~100	0~15	0~5					2.36~4.75
XG2	0~3		100	90~100				0~15		0~2.36
XG3	0~5	100	90~100					0~20		0~4.75

3. 材料分档与掺配

材料分档要求如表 3.12 所示。

表 3.12 材料分档要求

层位	高速公路和一级公路		二级及二级以下公路
	极重、特重交通	重、中、轻交通	
基层	≥5	≥4	≥3 或 4
底基层	≥4	≥3 或 4	≥3

注：一般工程可选择不少于 3 档备料；极重、特重交通荷载等级且强度要求较高时，为了保证级配的稳定，宜选择不少于 4 档备料。

公称最大粒径为 19 mm、26.5 mm 和 31.5 mm 的无机结合料稳定碎石或砾石的备料规格宜符合表 3.13 的规定。

表 3.13 不同粒径混合料的备料规格

公称最大粒径/mm	类型	一档	二档	三档	四档	五档	六档
19	三档备料	XG3	G11	G8			
	四档备料Ⅰ	XG2	XG1	G11	G8		
	四档备料Ⅱ	XG3	G11	G9	G5		
	四档备料Ⅲ	XG3(1)	XG3(2)	G11	G8		
	五档备料Ⅰ	XG2	XG1	G11	G9	G5	
	五档备料Ⅱ	XG3(1)	XG3(2)	G11	G9	G5	
26.5	四档备料	XG3	G11	G8	G3		
	五档备料Ⅰ	XG3	G11	G9	G5	G3	
	五档备料Ⅱ	XG2	XG1	G11	G8	G3	
	五档备料Ⅲ	XG3(1)	XG3(2)	G11	G8	G3	
	六档备料Ⅰ	XG2	XG1	G11	G9	G5	G3
	六档备料Ⅱ	XG3(1)	XG3(2)	G11	G9	G5	G3
31.5	四档备料	XG3	G11	G8	G2		
	五档备料Ⅰ	XG3	G11	G9	G5	G2	
	五档备料Ⅱ	XG3	G11	G9	G4	G2	
	五档备料Ⅲ	XG3(1)	XG3(2)	G11	G8	G2	
	六档备料Ⅰ	XG2	XG1	G11	G9	G5	G2
	六档备料Ⅱ	XG3(1)	XG3(2)	G11	G9	G5	G2

注：表中 XG3(1) 和 XG3(2) 为两种不同级配规律的 0～5 mm 的细集料。

用于二级及二级以上公路基层和底基层的级配碎石或砾石,应由不少于4种规格的材料掺配而成。

天然材料用于高速公路和一级公路的基层时,应筛分成表3.13中规定的规格,并按表3.13中的备料规格进行掺配。天然材料的规格不满足设计级配的要求时,可掺配一定比例的碎石或轧碎砾石。

级配碎石或砾石类材料中宜掺加石屑、粗砂等材料。

级配碎石或砾石细集料的塑性指数应不大于12,不满足要求时,可加石灰、无塑性的砂或石屑掺配处理。

4. 混合料组成设计

设计人员应按设计要求,选择技术经济合理的混合料类型和配合比。

设计人员应根据公路等级、交通荷载等级、结构形式、材料类型等因素确定材料技术要求。

无机结合料稳定材料组成设计应包括原材料检验、目标配合比设计、生产配合比设计和施工参数确定四个部分,如图3.4所示。

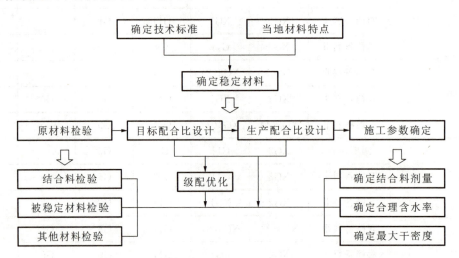

图3.4 无机结合料稳定材料设计流程

原材料检验应包括结合料、被稳定材料及其他材料的检验。所有检测指标均应满足相关设计标准或技术文件的要求。

目标配合比设计应包括下列技术内容:

① 选择级配范围;

② 确定结合料类型及掺配比例;

③ 验证混合料相关的设计及施工技术指标。

生产配合比设计应包括下列技术内容:

① 确定料仓供料比例;

② 确定水泥稳定材料的容许延迟时间;

③ 确定结合料剂量的标定曲线;

④ 确定混合料的最佳含水率、最大干密度。

施工参数确定应包括下列技术内容:

① 确定施工中结合料的剂量;

② 确定施工合理含水率及最大干密度;

③ 验证混合料强度技术指标。

5. 施工流程

水泥稳定类基层施工

1) 路拌法

准备下承层→施工放样→备料和摊铺→洒水闷料→整平和轻压→摆放和摊铺水泥→干拌→加水并湿拌→整形→碾压→接缝和掉头处理→养护及交通管制。

2) 厂拌法

准备下承层→施工放样→备料→拌和→运输→摊铺→整形→碾压→接缝、掉头处理→养护及交通管制。

6. 施工要点

1) 路拌法

(1) 准备下承层。

① 水泥稳定土的下承层表面应平整、坚实,具有规定的路拱,下承层的平整度和压实度应符合施工技术规范的要求。

② 当水泥稳定土用作基层时,要准备底基层;当水泥稳定土用作老路面的加强层时,要准备老路面;当水泥稳定土用作底基层时,要准备土基。

③ 在槽式断面的路段,两侧路肩上每隔一定距离(如 5~10 m)应交错开挖泄水沟(或做盲沟)。

(2) 施工放样。

① 在底基层、老路面或土基上恢复中线,直线段每 15~20 m 设一桩,平曲线段每 10~15 m 设一桩,在两侧路肩边缘外设指示桩。

② 进行水平测量,在两侧指示桩上用明显标记标出水泥稳定土层边缘的设计高程。施工过程中,标桩如有丢失或移动,应及时补桩抄平。

③ 如果水泥稳定土层铺筑在符合要求的新建的下承层上,可以不再进行施工放样。

(3) 备料。

一般情况下,水泥稳定土层(特别是水泥稳定基层)所用的土是经过选择的且技术经济都比较合理的土料。

①料场选择。从每个用料场取有代表性的土料,送实验室进行原土料及水泥土混合料的物理力学性质试验。根据试验结果,选定准备开采使用的料场。选料采集时如料层上有覆盖土、树木、草皮等杂物,应该将它们清除干净。在推选集料的过程中,应该在预定采料深度范围内自上而下采集集料。不应分层采集,避免将不合格的土料推入选料堆中。如发现土料有明显变化,应及时采取有代表性的样品送实验室进行规定的各项试验。

②计算材料用量。根据各路段水泥稳定土层的宽度、厚度及预定的干密度,计算各路段需要的干燥集料数量;根据料场集料的含水量和所有运料车辆的吨位,计算每车料的堆放距离;根据水泥稳定土层的厚度和预定的干密度及水泥剂量,计算每 1 m^2 水泥稳定土需用的水泥用量,并计算每袋(通常重 50 kg)水泥的摊铺面积;根据水泥稳定土层的宽度确定摆放水泥的行数,并计算每行水泥的间距;根据每包水泥的摊铺面积和每行水泥的间距计算每袋水泥的纵向间距。

③材料的运输与堆放。每辆载货汽车的装载数量应基本相等。根据各路段需要的集料数量按计算距离卸料;在料场供应的路段范围内,由远到近将土料堆放在路的一侧;应严格掌握卸料的距离,避免集料不够或过多。如果集料中有较大的土块或小于 5 mm 的土团(石料除外)的含量少于 80%,应进行粉碎,然后用平地机整平。如果集料中超尺寸的石料颗粒过多,应在料场进行筛除。集料摊铺前应使下承层表面湿润。

(4)摊铺。

①应事先通过试验确定集料的松铺系数。人工摊铺混合料时,混合料松铺系数可参考表 3.14。

表 3.14 混合料松铺系数

材料名称	松铺系数	备注
水泥稳定砂砾	1.30~1.35	
水泥土	1.53~1.58	现场人工摊铺土和石灰,机械拌和,人工整平

②摊铺集料应在摊铺水泥的前一天进行。摊料长度应根据日进度的需要量控制,满足次日完成掺加水泥、拌和、碾压成型即可。当在雨期施工时,不宜提前一天将料铺开,应及时摊铺集料并保证后续工艺在降雨之前全部完成。

③用平地机或其他合适的机具将料均匀地摊铺在预定的宽度上,表面应力求平整并有规定的路拱。摊料过程中,应将土块、超尺寸颗粒及其他杂物拣除。如果集料中有较多土块,应进行粉碎。

④及时检验松铺材料层的厚度,应进行减料或补料工作。

⑤ 除洒水车外,严禁其他车辆在集料层上通行。

(5) 洒水闷料。

① 在翻松和粉碎土的过程中,及时洒水预湿土。对运到底基层或路基的集料(包括各种砂砾土和细粒土),也应该洒水预湿。已整平的土含水量过小,应在土层上洒水闷料,洒水应均匀,防止局部出现水过多或水不足的现象。

② 对水泥和石灰综合稳定土,应先将石灰和土拌和,再一起洒水闷料。

③ 严禁洒水车在洒水段停留和掉头。

(6) 整平和轻压。

土经过预湿之后,整形成要求的路拱和坡度,并用 6～8 t 的两轮光面压路机碾压 1～2 遍,使素土层具有平整光滑的表面,同时具有一定的密实度,以便摊铺水泥。

(7) 摆放和摊铺水泥。

① 按计算得到的每袋水泥的纵横间距,用石灰或水泥在集料层上做安放水泥的标记。水泥应在当日用汽车直接送到摊铺路段,直接卸在做标记的地点并检查是否遗漏和多余。

② 用刮板将水泥均匀摊开,应注意每袋水泥的摊铺面积相等。水泥摊铺完毕后,表面应没有空白位置,也没有水泥过分集中的地方。

(8) 拌和。

① 二级及二级以上公路,应采用专用稳定土拌和机进行拌和并设专人跟随拌和机,随时检查拌和深度,配合拌和机操作员调整拌和深度。拌和深度应达到稳定层底并宜进入下承层 5～10 mm,以利上下层黏结。严禁在拌和层底部留素土夹层。通常应拌和两遍以上,在最后一遍拌和之前,必要时可先用多铧犁紧贴底面翻拌一遍。直接铺在土基上的拌和层也应避免素土夹层。

在用机械拌和的头 1～2 遍,通常进行干拌,然后边洒水边拌和,即进行湿拌。

② 三、四级公路,在无专用拌和机械的情况下,可用农用旋转耕作机与多铧犁或平地机配合,也可以用缺口圆盘耙与多铧犁或平地机配合,但应注意拌和效果,拌和时间不宜过长。

(9) 整形。

平地机整形。混合料拌和均匀后,立即用平地机进行初步整形。在直线段,平地机由两侧向路中心进行刮平;在曲线段,平地机由内侧向外侧进行刮平。必要时,应返回刮一遍。用轮胎压路机、轮胎拖拉机或平地机在刚初平的路段上快速碾压 1～2 遍,以暴露潜在的不平整,再用平地机整平一次。整形前应用齿耙将轮迹低洼处表层耙松 50 mm 以上,再碾压一遍。最后用平地机整平一次,应将高出料直接刮出路外,不应形成薄层贴补现象。每次整平都要按照要求的坡度和路拱进行,特别要注意接缝处的整平,务必使接缝顺适平整。整平部位还应该包括路肩。

(10) 碾压。

整平到需要的断面和坡度后,混合料的含水量等于或略大于最佳含水量时,立即用 12 t

以上三轮压路机、重型轮胎压路机或振动压路机在路基全宽内进行碾压。直线段由两侧路肩向路中心碾压;平曲线段由内侧路肩向外侧路肩进行碾压。碾压时,应重叠1/2轮宽,后轮必须超过两段的接缝处,后轮压完路面全宽时即为一遍,一般需要碾压6~8遍。压路机的碾压速度头两遍以1.5~1.7 km/h为宜,以后宜采用2.0~2.5 km/h。采用人工摊铺、整形的稳定土层,宜先用拖拉机或6~8 t两轮压路机或轮胎压路机碾压1~2遍,再利用重型压路机碾压。

碾压过程中,水泥稳定土的表面应始终保持湿润,如果水分蒸发过快,应及时补洒少量的水。碾压时如果发生"弹簧"、松散起皮等现象,应及时翻开换以新的水泥土混合料或添加适量的水泥重新拌和,使其达到质量要求。经过拌和整形的水泥稳定土,宜在水泥初凝前,在试验确定的延迟时间内完成碾压,达到要求的密实度,不出现明显的轮迹。

严禁压路机在已完成的或正在碾压的路段上掉头或制动,应保证稳定土层表面不受破坏。

(11) 接缝和掉头处理。

同时施工的两工作段的衔接,应采用搭接,前一段拌和整形后,留5~8 m不进行碾压,后段施工时,前段留下未碾压部分,应再加部分水泥重新拌和,并与后一段一起碾压。经过拌和、整形的水泥稳定土应在试验确定的延迟时间内完成碾压。同时,应注意接缝和掉头处的处理。

① 工作缝的处理。工作缝是指每天施工最后一段的末端缝,该缝可采用下述办法处理:在已碾压完成的水泥稳定土层末端,沿稳定土挖一条横贯铺筑层全宽约300 mm的槽,一直挖到下承层顶面;此槽应与路的中心线垂直,靠稳定土的一面应切成垂直面,并放两根厚度与压实厚度相同、长为全宽一半的方木紧贴垂直面;用原先挖出的素土回填槽内其余部分;第二天,邻接作业段拌和后,除去方木和素土,用混合料回填;靠近方木未能拌和的一小段,应人工进行补充拌和;整平时,接缝处的水泥稳定土应较已完成断面高出约50 mm,以便形成一个平顺的接缝。工作缝的处理如图3.5所示。

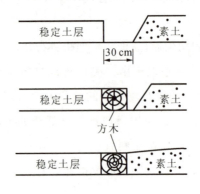

图3.5 工作缝的处理

② 纵缝的处理。水泥稳定土施工应避免纵向接缝,在必须分两幅施工时,纵缝必须垂

直相接,不应斜接。纵缝可采用下述方法处理:前一幅施工时,在靠中央一侧用方木或钢模板支撑,方木或钢模板的高度与稳定土层的压实厚度相同;混合料拌和结束后,靠近支撑木(或板)的一部分,应人工进行补充拌和,然后整形和碾压;养护结束后,在铺筑另一幅之前,拆除支撑木(或板);第二幅混合料拌和结束后,靠近第一幅的部分,应人工进行补充拌和,然后进行整形和碾压。

③ 掉头处的处理。如果拌和机械或其他机械必须在已压成的水泥稳定土层上掉头,应采取措施保护掉头作业段,一般可在准备用于掉头 8~10 m 长的稳定土层上,先覆盖一张厚塑料布或油毡纸,然后铺上约 100 mm 厚的土、砂或砂砾。整平后,用平地机将塑料布上大部分土除去(注意勿刮破塑料布),然后人工除去余下的土并收起塑料布。

(12)养护及交通管制。

水泥稳定土底基层(或基层)分层施工时,下层水泥稳定土碾压完,养护 7 d 后铺筑上层水泥稳定土。在铺筑上层稳定土之前,应始终保持下层表面湿润。在铺筑上层稳定土时,宜将下层表面清扫干净后铺少量水泥或水泥浆。

每一段碾压完成并经压实度检查合格后,应立即开始养护。养护宜采用厚度为 70~100 mm 的湿砂进行,砂铺匀后及时洒水,并在整个养护期间使砂保持潮湿状态;也可以用潮湿的帆布、粗麻袋、稻草麦秸或其他合适的潮湿材料覆盖,防止水分蒸发,使稳定土层表面保持湿润。

对于高速公路和一级公路,基层的养护期不宜少于 7 d;对于二级和二级以下的公路,养护期少于 7 d 即可较早铺筑沥青面层,但应限制重型车辆通行。基层养护结束后,不宜长期暴晒,以免开裂。

对于未采用覆盖措施的水泥稳定土层,在养护期间,除洒水车外,应封闭交通;对于采用覆盖措施的水泥稳定土层,不能封闭交通时,应限制重车通行,其他车辆的车速不应超过 30 km/h。

2) 厂拌法

(1) 下承层准备、施工放样同路拌法。

(2) 备料。

材料选择原则上同路拌法。材料(水泥、土、外加剂等)及不同规格集料(碎石或砾石、石屑、砂)应隔离,分别堆放。在潮湿多雨地区或其他地区的雨期施工时,应采取措施保护集料,特别是细集料(如石屑和砂等)应覆盖,防止雨淋。水泥防潮更为重要。

(3) 拌和。

① 拌和机与摊铺机的生产能力应匹配。对于高速公路和一级公路,为了保持摊铺机连续摊铺,拌和机的产量宜大于 400 t/h,宜采用两台拌和机。

② 在正式拌制混合料之前,必须先调试所用的设备,使混合料的颗粒组成和含水量都达到规定的要求。原集料的颗粒组成发生变化时,应重新调试设备。

③ 配料应准确,拌和应均匀。

④ 拌和好的混合料的含水量宜略大于最佳值,使混合料运到现场摊铺碾压后的含水量不小于最佳值,因此,在拌和过程中应根据集料和混合料含水量的大小,及时调整加水量。

⑤ 当采用连续式稳定土拌和设备集中厂拌时,应保证集料的最大粒径和级配符合要求。

(4) 运输、摊铺、整形和碾压。

拌和好的混合料应从拌和机直接卸入自卸车,尽快送到铺筑现场。车上的混合料应该覆盖,减少水分损失。运输的时间一般要限制在 30 min 内。对于高速公路和一级公路,必须采用沥青混凝土摊铺机或专用的稳定粒料摊铺机摊铺。

最好选用两台摊铺机,一前一后、错列前进,同时摊铺。

摊铺中应保持整平板前的混合料的高度不变。减少停机、开动的次数,避免运料载货汽车碰撞摊铺机。一次铺筑厚度不超过 250 mm,分层摊铺时,上层厚度取 100 mm。经常检验控高钢丝,调整传感器;经常用直尺检验表面。

(5) 接缝、掉头处理。

① 横向接缝。用摊铺机摊铺混合料时,不宜中断,如因故中断时间超过 2 h,应设置横向接缝,摊铺机应驶离混合料末端。人工将末端含水量合适的混合料弄整齐,紧靠混合料放两根方木,方木的高度应与混合料的压实厚度相同,整平紧靠方木的混合料。方木的另一侧用砂砾或碎石回填约 3 m 长,其高度应高出方木几厘米,并将混合料碾压密实。在重新开始摊铺混合料之前,将砂砾、碎石和方木除去,将下承层顶面清扫干净,使摊铺机返回已压实层的末端,重新开始摊铺混合料。

如果摊铺中断后,未按上述方法处理横向接缝,而中断时间已超过 2 h,应将摊铺机附近及其下面未压实的混合料铲除,将已碾压密实且高程和平整度符合要求的末端挖成与路中心线垂直并垂直向下的断面,再摊铺新的混合料。

② 纵向接缝。应避免纵向接缝。高速公路和一级公路的基层应分两幅摊铺,宜采用两台摊铺机一前一后相隔 5~10 m 同步向前摊铺混合料,一起进行碾压,但必须注意横坡的一致性。在不能避免纵向接缝的情况下,纵向接缝必须垂直相接,严禁斜接。摊铺前一幅时,在靠中央的一侧用方木或钢模板作为支撑,方木或钢模板的高度应与稳定土层的压实厚度相同。养护结束后,在摊铺另一幅之前,应拆除支撑木(或板)。

(6) 养护及交通管制同路拌法。

3) 质量标准

质量合格标准值如表 3.15 所示。

表 3.15　质量合格标准值

工程类别	检查项目	检查数量	标准值	极限低值
无结合料底基层	压实度	6～10 处	96%	92%
	弯沉值	每车道 40～50 个测点	按《公路路面基层施工技术细则》(JTG/F 20—2015)附录 C 所得的弯沉标准值	
级配碎石(或砾石)	压实度	6～10 处	基层为 98%	94%
			底基层为 96%	92%
	颗粒组成	2～3	规定级配范围	
	弯沉值	每车道 40～50 个测点	按《公路路面基层施工技术细则》(JTG/F 20—2015)附录 C 所得的弯沉标准值	
填隙碎石	压实度（固体体积率）	6～10 处	基层为 98%	82%
			底基层为 96%	80%
	弯沉值	每车道 40～50 个测点	按《公路路面基层施工技术细则》(JTG/F 20—2015)附录 C 所得的弯沉标准值	
水泥土、石灰土、石灰粉煤灰、石灰粉煤灰土	压实度	6～10 处	93%(95%)	89%(91%)
	水泥或石灰剂量	3～6 处	设计值	水泥为 1.0%、石灰为 2.0%
水泥稳定材料、石灰稳定材料、石灰粉煤灰稳定材料、水泥粉煤灰稳定材料	压实度	6～10 处	基层为 98%(97%)	94%(93%)
			底基层为 96%(95%)	92%(91%)
	颗粒组成	2～3	规定级配范围	
	水泥或石灰剂量	3～6 处	设计值	设计值－1.0%

注：1. 按《公路路面基层施工技术细则》(JTG/F 20—2015)附录 A 计算得到的弯沉值即极限高值。
　　2. 以每人完成段落为评定单位时，检查数量可取低值；以 1 km 为评定单位时，检查数量应取高值。

1.2.2　石灰稳定类基层

在粉碎的土和原状松散的土（包括各种粗、中、细粒土）中，掺入适量的石灰和水，按照一定技术要求，经拌和，在最佳含水量下摊铺、压实及养护成型，抗压强度符合规定要求的路面基层，称为石灰稳定土基层。

用石灰稳定细粒土制成的混合料简称石灰土。用石灰稳定中粒土和粗粒土制成的混合料,原材料为天然砂砾土时,简称石灰砂砾土;原材料为天然碎石土时,简称石灰碎石土。用石灰土稳定级配砂砾(砂砾中无土)和级配碎石(包括未筛分碎石)制成的混合料,分别简称石灰土砂砾和石灰土碎石。用石灰稳定土铺筑的路面基层和底基层,分别称为石灰稳定(土)基层和石灰稳定(土)底基层。

石灰稳定土可用作各类路面的底基层和二级以下公路的基层,石灰土不得用作二级公路的基层和二级以下公路高级路面的基层。在冰冻地区的潮湿路段和其他地区的过分潮湿路段,不宜采用石灰土作为基层和低基层。只能采用石灰土时,应采取措施防止水侵入石灰土基层。

高速公路和一级公路用石灰应不低于Ⅱ级技术要求,二级公路用石灰应不低于Ⅲ级技术要求,二级以下公路用石灰宜不低于Ⅲ级技术要求。石灰技术要求如表 3.16 和表 3.17 所示。

高速公路和一级公路的基层,宜采用磨细消石灰。二级以下公路使用等外石灰时,有效氧化钙含量应在 20% 以上,混合料强度应满足要求。

表 3.16 生石灰技术要求

指标	钙质生石灰			镁质生石灰			试验方法
	Ⅰ	Ⅱ	Ⅲ	Ⅰ	Ⅱ	Ⅲ	
有效氧化钙加氧化镁含量/(%)	≥85	≥80	≥70	≥80	≥75	≥65	T 0813
未消化残渣含量/(%)	≤7	≤11	≤17	≤10	≤14	≤20	T 0815
钙镁石灰的分类界限,氧化镁含量/(%)	≤5			>5			T 0812

表 3.17 消石灰技术要求

指标		钙质消石灰			镁质消石灰			试验方法
		Ⅰ	Ⅱ	Ⅲ	Ⅰ	Ⅱ	Ⅲ	
有效氧化钙加氧化镁含量/(%)		≥65	≥60	≥55	≥60	≥55	≥50	T 0813
含水率/(%)		≤4	≤4	≤4	≤4	≤4	≤4	T 0801
细度	0.60 mm 方孔筛的筛余/(%)	0	≤1	≤1	0	≤1	≤1	T 0814
	0.15 mm 方孔筛的筛余/(%)		≤13	≤20		≤13	≤20	T 0814
钙镁石灰的分类界限,氧化镁含量/(%)		≤4			>4			T 0812

粗细集料、水:要求同水泥稳定类。

粉煤灰:粉煤灰技术要求应符合表 3.18 的规定。

表 3.18　粉煤灰技术要求

检测项目	技术要求	试验方法
SiO_2、Al_2O_3 和 Fe_2O_3 总含量/(%)	>70	T 0816
烧失量/(%)	≤20	T 0817
比表面积/(cm^2/g)	>2500	T 0820
0.3 mm 筛孔通过率/(%)	≥90	T 0818
0.075 mm 筛孔通过率/(%)	≥70	T 0818
湿粉煤灰含水率/(%)	≤35	T 0801

各等级公路的底基层、二级及二级以下公路的基层使用的粉煤灰,通过率指标不满足表 3.18 的要求时,应进行混合料强度试验,达到本细则相关要求的强度指标时,方可使用。

煤矸石、煤渣、高炉矿渣、钢渣及其他冶金矿渣等工业废渣可用于修筑基层或底基层,使用前应崩解稳定,且宜通过不同龄期条件下的强度和模量试验以及温度收缩和干湿收缩试验等评价混合料性能。

水泥稳定煤矸石不宜用于高速公路和一级公路。

工业废渣类作为集料使用时,公称最大粒径应不大于 31.5 mm,颗粒组成宜有一定级配,且不宜含杂质。

课后巩固

一、单项选择题

1. 下列粒料类基层中,属于嵌锁型的是(　　)。
   A. 填隙碎石　　　　B. 级配碎石　　　　C. 级配砾石　　　　D. 天然砂砾
2. 填隙碎石施工工艺流程正确的是(　　)。
   A. 初压→撒布填隙料→振动压实→摊铺粗碎石
   B. 摊铺粗碎石→振动压实→撒布填隙料→初压
   C. 摊铺粗碎石→初压→撒布填隙料→振动压实
   D. 摊铺粗碎石→初压→振动压实→撒布填隙料
3. 二灰稳定土是(　　)。
   A. 刚性基层　　　　B. 粒料基层　　　　C. 嵌锁型基层　　　　D. 半刚性基层

4. 用于高速公路的无机结合料稳定基层可以选择(　　)。

　　A. 水泥稳定细粒土　　　　　　　　B. 二灰砂

　　C. 水泥稳定碎石　　　　　　　　　D. 石灰稳定级配碎石

5. 半刚性基层可分为(　　)。

　　A. 石灰稳定类、水泥稳定类、石灰煤渣稳定类

　　B. 石灰稳定类、水泥稳定类、石灰工业废渣稳定类

　　C. 石灰稳定类、石灰煤渣稳定类、石灰工业废渣稳定类

　　D. 石灰稳定类、水泥稳定类、石灰炉渣稳定类

二、判断题

1. 水泥稳定类强度形成原理包括物理作用、物理-化学作用、化学作用。（　　）

2. 水泥稳定类基层优先选用终凝时间较短的水泥。（　　）

3. 水泥稳定土底基层分层施工时,在铺筑上层稳定土时,宜在下层表面铺少量水泥或水泥浆。（　　）

4. 半刚性基层具有稳定性好、抗冻性能强、结构本身自成板体等特点,具有高耐磨性。（　　）

5. 当采用路拌法,对于二级及二级以上公路,应采用专用稳定土拌和机拌和级配碎石。（　　）

6. 级配碎石基层应该尽量避免纵缝,不能避免的情况下,纵缝可以斜接。（　　）

7. 在同一料场供料的路段内,宜由近到远卸集料。卸料距离应严格掌握,避免料不够或过多。（　　）

8. 对二级及二级以上公路,应采用专用稳定土拌和机进行拌和。拌和深度不能进入下承层。（　　）

9. 粗、细碎石集料和石屑各占一定比例的混合料,当其颗粒组成符合密实级配要求时,称为级配碎石。（　　）

10. 级配碎石可用作较薄沥青面层与半刚性基层之间的中间层。（　　）

任务 2 沥青路面施工

中国路

我国古代的路面使用的材料主要是泥土,只有重要的路段才使用青砖。到二十世纪五六十年代,我们的公路主要还是砂石路,砂石料和黏土是最基本的路面材料。黏土作为路面结合料导致路面晴天扬土、雨天泥泞,行车效果不佳。

20 世纪 60 年代,由于大庆原油的开发,渣油作为结合料代替了黏土。同时,石灰土材料得到广泛研究和应用。在这个阶段,石灰土基层加渣油成了最主要的路面结构形式。

20 世纪 80 年代中期,以京津塘高速公路建设为契机,我国进入了高等级公路建设的新时期,我国稠油资源的开发为生产符合要求的重交通道路沥青创造了条件。沥青混凝土路面成为高等级公路工程崭新的结构形式。国家"七五""八五"科技攻关,对沥青路面材料、结构、施工工艺、质量控制的研究得到了前所未有的深入,一系列先进的施工机械开始引入国内,施工技术规范和各种试验规程得到了全面修订,沥青路面的整体水平得到了很大提高,开始走向世界的前列。

学习目标

1. 了解沥青路面的类型及适用条件。
2. 掌握沥青路面原材料要求。
3. 掌握热拌沥青路面的施工流程要点及质量标准。

案例任务

识读工程案例,完成任务。

任务:某施工单位承建了长度为 10 km 的路基工程,路面采用热拌沥青混合料 SMA 面层。施工单位中标后,项目负责人立即授权人员进场。技术负责人组织编写了路面施工方案,确定了热拌沥青混合料面层施工工艺流程图,如图 3.6 所示。

施工中发生以下事件。

事件一:施工单位喷洒透层油时,施工技术要求如下。

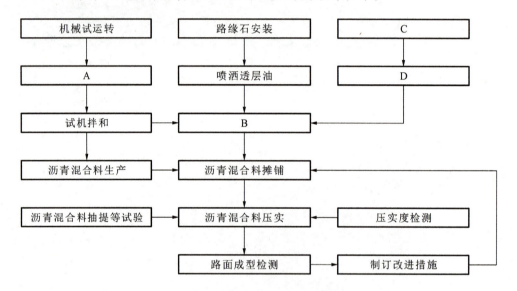

图 3.6 热拌沥青混合料面层施工工艺流程图

(1)透层油采用沥青洒布车,按设计喷油量分两次均匀洒布。
(2)透层油洒布后应不致流淌,应渗入基层一定深度,在表面形成油膜。
(3)气温低于 10 ℃、有大风或即将降雨时,不得喷洒透层油。
(4)透层油洒布后应待充分渗透,一般 24 h 后才能摊铺上层。
(5)在进行下一道工序前,应将局部多余的未渗入基层的透层油清除。

事件二:在 SMA 摊铺过程中有如下情况。

(1)为节省时间,摊铺机熨平板未预热直接摊铺。
(2)为保证装料快速稳定,自卸汽车装料时一次完成,未移动。
(3)初压采用钢轮压路机静压 1~2 遍,复压采用重型胶轮压路机,终压采用双轮钢轮式压路机压至无明显轮迹。

回答下列问题。

1.写出图中工艺 A、B、C、D 的内容(从试验段施工、沥青混凝土配合比、配合比调试、批准配合比中选择)。

2.SMA 面层指什么路面,属于什么结构形式?

3.逐条判断事件一中的施工技术要求是否正确,若不正确,写出正确的施工技术要求。

4.逐条判断事件二中的施工技术要求是否正确,若不正确,写出正确的施工技术要求。

_____
_____
_____
_____
_____
_____
_____
_____
_____

任务知识点

(微课二维码)

2.1 沥青路面概述

沥青路面是以沥青为结合料,在一定的技术条件下,与级配矿料拌和、摊铺、碾压形成的具有良好的整体性和密实性的结构,既可作面层,又可作基层。按其力学性质,沥青路面属于柔性路面,刚度较小,具有较好的变形性能。沥青路面一般厚度较薄,强度和稳定性在很大程度上取决于基层和土基的特性。

沥青路面具有强度高、表面平整、振动小、噪声低、行车舒适、施工期短及养护维修方便等优点,是道路上使用极为广泛的面层类型,能适应各种交通条件,尤其适合作为高速公路、干线公路和城市主干道等高等级道路的面层。

1. 按施工工艺分类

按施工工艺的不同,沥青路面可分为层铺法和拌法两大类。

层铺法是指用分层洒布沥青、分层铺撒矿料和碾压的方法修筑,其主要优点是工艺和设备简便、功效较高、施工进度快、造价较低。用这种方法修筑的沥青路面有沥青表面处治和沥青贯入式两种。层铺法施工宜选择在干燥和较热的季节施工,并在雨季前及日温度低于15 ℃以前半个月结束,使面层通过开放交通压实,成型稳定。

拌和法是指由一定级配的矿料和沥青材料在沥青拌和厂(场、站)用专用设备加热拌和,然后送到工地摊铺碾压成路面。拌和法按混合料铺筑时温度的不同,又可分为热拌热铺、热拌冷铺和冷拌冷铺三种。

热拌热铺是指混合料在专用设备加热拌和后立即趁热运到路上摊铺压实。热拌冷铺是指混合料加热后储存一段时间再在常温下运到路上摊铺压实,一般用于小面积修补。当采用乳化沥青作为结合料,修筑乳化沥青碎石混合料路面时,沥青与矿料常温下拌和压实,称为冷拌冷铺。

2. 按技术品质和使用情况分类

(1) 沥青混凝土路面:由适当比例的各种不同大小颗粒的集料、矿粉和沥青,加热到一定温度后拌和,经摊铺压实而成的路面面层。强度是按嵌挤密实原则构成的。较小的空隙率使沥青混凝土路面具有透水性小、水稳性好、耐久性高、有较大抵抗自然因素的能力的特点,使用年限为15年以上。沥青混凝土路面适用于各级公路面层。

(2) 沥青碎石路面:用沥青碎石作为面层的路面。沥青碎石路面高温稳定性好,路面不易产生波浪,冬季不易产生冻缩裂缝,行车荷载作用下裂缝少;路面较易保持粗糙,有利于高速行车;对石料级配和沥青规格要求较宽,材料组成设计比较容易满足要求;沥青用量少,不用矿粉,造价低;孔隙较大,路面容易渗水和老化。热拌沥青碎石适宜用于三、四级公路。中粒式、粗粒式沥青碎石宜用作沥青混凝土面层下层、联结层或整平层。

(3) 沥青贯入式路面:用沥青贯入碎(砾)石作面层的路面,即把沥青浇洒在铺好的主层集料上,再分层撒布嵌缝石屑和浇洒沥青,分层压实,形成一个较致密的沥青结构层。沥青贯入式路面的最上层应撒布封层料或加铺拌和层。沥青贯入式路面适用于三、四级公路,也可作为沥青混凝土面层的联结层。

(4) 沥青表面处治路面:用沥青和集料按层铺法或拌和法铺筑而成的厚度不超过3 cm的沥青面层。沥青表面处治路面按浇洒沥青和撒布集料的遍数不同,分为单层式、双层式、三层式。沥青表面处治路面一般用于三、四级公路,也可用作沥青路面的磨耗层、防滑层。

3. 按组成结构分类

(1) 密实-悬浮结构：采用连续密级配矿料配制的沥青混合料中，矿料的颗粒由大到小连续分布，并通过沥青胶结作用形成密实结构。粗颗粒之间不能直接接触，彼此分离悬浮于较小颗粒和沥青胶浆中间，这样就形成了密实-悬浮结构的沥青混合料。工程中常用的 AC-1 型沥青混凝土就是这种结构的代表。

(2) 骨架-空隙结构：当采用连续开级配矿料与沥青组成沥青混合料时，由于矿料大多集中在较粗的粒径上，粗粒径的颗粒可以相互接触，相互支撑，形成嵌挤的骨架，细颗粒较少，粗颗粒形成的骨架空隙无法填充，形成骨架-空隙结构。工程中使用的沥青碎石混合料(AM)和排水沥青混合料(OGFC)是典型的骨架-空隙结构。

(3) 密实-骨架结构：当采用间断密级配矿料与沥青组成沥青混合料时，矿料颗粒集中在级配范围的两端，缺少中间颗粒，粗颗粒相互支撑嵌挤形成骨架，较细的颗粒填充于骨架留下的空隙，使整个矿料结构呈现密实状态，形成密实-骨架结构。沥青碎石玛蹄脂混合料(SMA)是一种典型的密实-骨架型结构。

4. 按矿料级配分类

(1) 密级配沥青混凝土混合料：各种粒径的颗粒级配连续、相互嵌挤密实的矿料，与沥青拌和而成，压实后的剩余空隙率小于10%的混凝土混合料。代表类型有沥青混凝土、沥青稳定碎石。

(2) 半开级配沥青混合料：由适当比例的粗集料、细集料及少量填料(或不加填料)与沥青拌和而成，压实后剩余空隙率在10%以上的半开式改性沥青混合料。代表类型有改性沥青稳定碎石，以 AM 表示。

(3) 开级配沥青混合料：矿料主要由粗集料组成，细集料和填料较少，采用高黏度沥青结合料黏结形成，压实后空隙率大于15%的开式沥青混合料。代表类型有排水式沥青磨耗层混合料(以 OGFC 表示)、排水式沥青稳定碎石基层(以 ATPB 表示)。

(4) 间断级配沥青混合料：矿料级配组成中缺少1个或几个档次而形成的级配间断的沥青混合料。代表类型有沥青玛蹄脂碎石(SMA)。

5. 按矿料粒径分类

沥青混合料按矿料粒径分为砂粒式沥青混合料、细粒式沥青混合料、中粒式沥青混合料、粗粒式沥青混合料和特粗式沥青混合料。

6. 按施工温度分类

沥青混合料按施工温度分为热拌热铺沥青混合料和常温沥青混合料。

2.2 沥青路面原材料要求

2.2.1 道路石油沥青

(1) 道路石油沥青的适用范围如表 3.19 所示。

表 3.19 道路石油沥青的适用范围

沥青等级	适用范围
A 级沥青	各等级的公路,适用于任何场合和层次
B 级沥青	1. 高速公路、一级公路沥青下面层及以下层次,二级及二级以下公路的各层次; 2. 用作改性沥青、乳化沥青、改性乳化沥青、稀释沥青的基质沥青
C 级沥青	三级及三级以下公路的各层次

沥青原材料要求

(2) 沥青路面采用的沥青标号,宜按照公路等级、气候条件、交通条件、路面类型、在结构层中的层位及受力特点、施工方法等,结合当地的使用经验,经技术论证后确定。

高速公路、一级公路,夏季温度高、高温持续时间长、重载交通、山区及丘陵区上坡路段、服务区、停车场等行车速度慢的路段,尤其是汽车荷载剪应力大的层次,宜采用稠度大、黏度大的沥青,也可提高高温气候分区的温度水平选用沥青等级;冬季寒冷的地区或交通量小的公路、旅游公路宜选用稠度小、低温延度大的沥青;日温差、年温差大的地区宜选用针入度指数大的沥青。当高温要求与低温要求矛盾时,应优先考虑满足高温性能的要求。

当缺乏所需标号的沥青时,可采用不同标号掺配的调和沥青,其掺配比例由试验确定。

2.2.2 粗集料

沥青层用粗集料包括碎石、破碎砾石、筛选砾石、钢渣、矿渣等,但高速公路和一级公路不得使用筛选砾石和矿渣。粗集料必须由具有生产许可证的采石场生产或施工单位自行加工。

(1) 粗集料应该洁净、干燥、表面粗糙,应符合表 3.20 的规定。当单一规格集料的质量指标达不到表中要求,而按照集料配合比计算的质量指标符合要求时,工程上允许使用。对于受热易变质的集料,宜采用经拌和机烘干后的集料进行检验。

表 3.20　沥青混合料用粗集料质量技术要求

指标	单位	高速公路及一级公路		其他等级公路	试验方法
		表面层	其他层次		
石料压碎值	%	≤26	≤28	≤30	T 0316
洛杉矶磨耗损失	%	≤28	≤30	≤35	T 0317
表观相对密度		≥2.60	≥2.50	≥2.45	T 0304
吸水率	%	≤2.0	≤3.0	≤3.0	T 0304
坚固性	%	≤12	≤12		T 0314
针片状颗粒含量（混合料）	%	≤15	≤18	≤20	T 0312
粒径大于 9.5 mm 颗粒含量	%	≤12	≤15		
粒径小于 9.5 mm 颗粒含量	%	≤18	≤20		
水洗法小于 0.075 mm 颗粒含量	%	≤1	≤1	≤1	T 0310
软石含量	%	≤3	≤5	≤5	T 0320

注：1. 坚固性试验可根据需要进行。
　　2. 用于高速公路、一级公路时，多孔玄武岩的视密度可放宽至 2.45 t/m³，吸水率可放宽至 3%，但必须得到建设单位的批准且不得用于 SMA 路面。
　　3. 对 S14，即 3～5 规格的粗集料，针片状颗粒含量可无要求，小于 0.075 mm 含量可放宽到 3%。

（2）沥青混合料用粗集料的粒径规格如表 3.21 所示。

表 3.21　沥青混合料用粗集料的粒径规格

规格名称	公称粒径/mm	通过下列筛孔的质量百分率/(%)											
		106	75	63	53	37.5	31.5	26.5	19.0	13.2	9.5	4.75	2.36	0.6
S1	40～75	100	90～100			0～15		0～5						
S2	40～60		100	90～100		0～15		0～5						
S3	30～60		100	90～100			0～15		0～5					
S4	25～50			100	90～100		0～15		0～5					
S5	20～40				100	90～100		0～15		0～5				
S6	15～30					100	90～100		0～15		0～5			
S7	10～30					100	90～100		0～15	0～5				
S8	10～25						100	90～100	0～15		0～5			
S9	10～20							100	90～100	0～15	0～5			
S10	10～15								100	90～100	0～15	0～5		
S11	5～15								100	90～100	40～70	0～15	0～5	
S12	5～10									100	90～100	0～15	0～5	
S13	3～10										100	90～100	40～70	0～20	0～5
S14	3～5											100	90～100	0～15	0～3

（3）采石场在生产过程中必须彻底清除覆盖层及泥土夹层。生产碎石用的原石不得含

有土块、杂物,集料成品不得堆放在泥土地上。

(4) 高速公路、一级公路沥青路面的表面层(或磨耗层)的粗集料的磨光值应符合表 3.22 的要求。除 SMA、OGFC 路面外,允许在硬质粗集料中掺加部分较小粒径的磨光值达不到要求的粗集料,最大掺加比例由磨光值试验确定。

表 3.22 粗集料与沥青的黏附性、磨光值的技术要求

项目		雨量气候区				试验方法
		1(潮湿区)	2(湿润区)	3(半干区)	4(干旱区)	
年降雨量/mm		>1000	500~1000	250~500	<250	
高速公路、一级公路表面层粗集料的磨光值		≥42	≥40	≥38	≥36	T 0321
粗集料与沥青的黏附性	高速公路、一级公路表面层	≥5	≥4	≥4	≥3	T 0616
	高速公路、一级公路的其他层次及其他等级公路的各层次	≥4	≥4	≥3	≥3	T 0663

(5) 粗集料与沥青的黏附性应符合表 3.22 的要求。当使用不符合要求的粗集料时,宜掺加消石灰、水泥或用饱和石灰水处理后使用,必要时可同时在沥青中掺加耐热、耐水、长期性能好的抗剥落剂,也可采用改性沥青的措施,使沥青混合料的水稳定性检验达到要求。掺加外加剂的剂量由沥青混合料的水稳定性检验确定。

(6) 破碎砾石应采用粒径大于 50 mm、含泥量不大于 1% 的砾石轧制,破碎砾石的破碎面应符合表 3.23 的要求。

表 3.23 粗集料对破碎面的要求

路面部位或混合料类型	具有一定数量破碎面颗粒的含量/(%)		试验方法
	1 个破碎面	2 个或 2 个以上破碎面	
沥青路面表面层			
高速公路、一级公路	≥100	≥90	
其他等级公路	≥80	≥60	
沥青路面中下面层、基层			T 0346
高速公路、一级公路	≥90	≥80	
其他等级公路	≥70	≥50	
SMA 混合料	≥100	≥90	
贯入式路面	≥80	≥60	

(7) 筛选砾石仅适用于三级及三级以下公路的沥青表面处治路面。

(8) 经过破碎且存放期超过 6 个月的钢渣可作为粗集料使用。除吸水率允许适当放宽

外,各项质量指标应符合表 3.20 的要求。钢渣在使用前应进行活性检验,要求钢渣中的游离氧化钙含量不大于 3%,浸水膨胀率不大于 2%。

2.2.3 细集料

(1)沥青路面的细集料包括天然砂、机制砂、石屑。细集料必须由具有生产许可证的采石场、采砂场生产。

(2)细集料应洁净、干燥、无风化、无杂质,有适当的颗粒级配,其质量应符合表 3.24 的规定。细集料的洁净程度,天然砂以小于 0.075 mm 含量的百分数表示,石屑和机制砂以砂当量(适用于 0～4.75 mm)或亚甲蓝值(适用于 0～2.36 mm 或 0～0.15 mm)表示。

表 3.24 沥青混合料用细集料质量要求

项目	单位	高速公路、一级公路	其他等级公路	试验方法
表观相对密度		≥2.50	≥2.45	T 0328
坚固性(>0.3 mm 部分)	%	≥12		T 0340
含泥量(小于 0.075 mm 的含量)	%	≤3	≤5	T 0333
砂当量	%	≥60	≥50	T 0334
亚甲蓝值	g/kg	≤25		T 0349
棱角性(流动时间)	s	≥30		T 0345

注:坚固性试验可根据需要进行。

(3)天然砂可采用河砂或海砂,通常采用粗、中砂,应符合表 3.25 的规定。

砂的含泥量超过规定时应水洗后使用,海砂中的贝壳类材料必须筛除。开采天然砂必须取得当地政府主管部门的许可并符合水利及环境保护的要求。热拌密级配沥青混合料中天然砂的用量通常不宜超过集料总量的 20%,SMA 和 OGFC 混合料不宜使用天然砂。

表 3.25 沥青混合料用天然砂规格

筛孔尺寸/mm	通过各孔筛的质量百分率/(%)		
	粗砂	中砂	细砂
9.5	100	100	100
4.75	90～100	90～100	90～100
2.36	65～95	75～90	85～100
1.18	35～65	50～90	75～100
0.6	15～30	30～60	60～84
0.3	5～20	8～30	15～45
0.15	0～10	0～10	0～10
0.075	0～5	0～5	0～5

(4) 石屑是采石场破碎石料时通过 4.75 mm 或 2.36 mm 的筛下部分,其规格应符合表 3.26 的要求。采石场在生产石屑的过程中应具备抽吸设备,高速公路和一级公路的沥青混合料,宜将 S14 与 S16 组合使用,S15 可在沥青稳定碎石基层或其他等级公路中使用。

表 3.26　沥青混合料用机制砂或石屑规格

规格	公称粒径/mm	水洗法通过各筛孔的质量百分率/(%)						
		9.5	4.75	2.36	1.18	0.6	0.3	0.15	0.075
S15	0～5	100	90～100	60～90	40～75	20～55	7～40	2～20	0～10
S16	0～3		100	80～100	50～80	25～60	8～45	0～25	0～15

注：当生产石屑采用喷水抑制扬尘工艺时,应特别注意含粉量不得超过表中的要求。

(5) 机制砂采用专用制砂机制造,选用优质石料生产,级配符合 S16 要求。

2.2.4　填料

(1) 沥青混合料的矿粉必须采用石灰岩或岩浆岩中的强基性岩石等憎水性石料磨细得到的矿粉,原石料中的泥土杂质应除净。矿粉应干燥、洁净,能自由地从矿粉仓流出,其质量应符合表 3.27 的要求。

表 3.27　沥青混合料用矿粉质量要求

项目		单位	高速公路、一级公路	其他等级公路	试验方法
表观密度		t/m³	≥2.50	≥2.45	T 0352
含水量		%	≤1	≤1	T 0103
粒度范围	<0.6 mm	%	100	100	T 0351
	<0.15 mm	%	90～100	90～100	
	<0.075 mm	%	75～100	70～100	
外观			无团粒结块		
亲水系数			<1		T 0353
塑性指数		%	<4		T 0354
加热安定性			实测记录		T 0355

(2) 拌和机的粉尘可作为矿粉的一部分回收使用,但每盘用量不得超过填料总量的 25%,掺有粉尘填料的塑性指数不得大于 4%。

(3) 粉煤灰作为填料使用时,用量不得超过填料总量的 50%,粉煤灰的烧失量应小于 12%,与矿粉混合后的塑性指数应小于 4%,其余质量要求与矿粉相同。高速公路、一级公路的沥青面层不宜采用粉煤灰作为填料。

2.2.5 纤维稳定剂

(1) 在沥青混合料中掺加的纤维稳定剂宜选用木质素纤维、矿物纤维等。木质素纤维的质量应符合表 3.28 的要求。

表 3.28 木质素纤维质量技术要求

项目	单位	指标	试验方法
纤维长度	mm	≤6	水溶液用显微镜观测
灰分含量	%	18±5	高温 590～600 ℃燃烧后测定残留物
pH		7.5±1.0	水溶液用 pH 试纸或 pH 计测定
吸油率		不小于纤维质量的 5 倍	用煤油浸泡后放在筛上经振敲后称量
含水率(以质量计)	%	≤5	105 ℃烘箱烘 2 h 后冷却称量

(2) 纤维应在 250 ℃的干拌温度不变质、不发脆；使用纤维必须符合环保要求，不危害身体健康。纤维必须能在混合料拌和过程中分散均匀。

(3) 矿物纤维宜采用玄武岩等矿石制造，易影响环境及造成人体伤害的石棉纤维不宜直接使用。

(4) 纤维应存放在室内或有棚盖的地方，松散纤维在运输及使用过程中应避免受潮、结团。

(5) 纤维稳定剂的掺加比例以沥青混合料总量的质量百分率计算，通常情况下用于 SMA 路面的木质素纤维不宜低于 0.3%，矿物纤维不宜低于 0.4%，必要时可适当增加纤维用量。纤维掺加量的允许误差宜不超过±5%。

2.3 沥青路面施工

2.3.1 透层、粘层、封层施工

1. 透层施工技术

1) 作用与适用条件

透层的作用：为使沥青面层与基层结合良好，在基层上浇洒乳化沥青、煤沥青或液体沥

青形成的透入基层表面的薄层。

适用条件:沥青路面各类基层都必须喷洒透层油,沥青层必须在透层油完全渗入基层后方可铺筑。基层上设置下封层时,透层油不宜省略。

2) 一般要求

① 根据基层类型选择渗透性好的液体沥青、乳化沥青、煤沥青作透层油,喷洒后通过钻孔或挖掘确认透层油渗入基层的深度宜不小于 5(无机结合料稳定集料基层)~10 mm(无结合料基层)并能与基层联结成一体。

② 透层油的黏度通过调节稀释剂的用量或乳化沥青的浓度调节,基质沥青的针入度通常宜不小于 100。透层用乳化沥青的蒸发残留物含量允许根据渗透情况适当调整,当使用成品乳化沥青时可通过稀释得到要求的黏度。透层用液体沥青的黏度通过调节煤油或轻柴油等稀释剂的品种和掺量经试验确定。

③ 透层油的用量通过试洒确定,不宜超出表 3.29 要求的范围。

表 3.29　沥青路面透层材料的规格和用量表

用途	液体沥青		乳化沥青		煤沥青	
	规格	用量/(L/m²)	规格	用量/(L/m²)	规格	用量/(L/m²)
无机结合料粒料基层	AL(M)-1、2 或 3 AL(S) -1、2 或 3	1.0~2.3	PC-2PA-2	1.0~2.0	T-1T-2	1.0~1.5
半刚性基层	AL(M)-1 或 2 AL(S) -1 或 2	0.6~1.5	PC-2PA-2	0.7~1.5	T-1T-2	0.7~1.0

注:表中用量是指包括稀释剂和水等的液体沥青、乳化沥青的总量。乳化沥青中的残留物含量以 50% 为基准。

④ 用于半刚性基层的透层油宜在基层碾压成型后表面稍变干燥、尚未硬化的情况下喷洒。

⑤ 在无机结合料粒料基层上洒布透层油时,宜在铺筑沥青层前 1~2 d 洒布。

⑥ 透层油宜采用沥青洒布车一次喷洒均匀,使用的喷嘴宜根据透层油的种类和黏度选择并保证喷洒均匀,沥青洒布车喷洒不均匀时宜改用手工沥青洒布机喷洒。

⑦ 喷洒透层油前应清扫路面,遮挡防护路缘石及人工构造物避免污染,透层油必须洒布均匀,有花白、遗漏应人工补洒,喷洒过量时立即撒布石屑或砂吸油,必要时做适当碾压。透层油洒布后不得在表面形成能被运料车和摊铺机粘起的油皮,透层油达不到渗透深度要求时,应更换透层油稠度或品种。

⑧ 透层油洒布后的养护时间根据透层油的品种和气候条件由试验确定,确保液体沥青

中的稀释剂全部挥发,乳化沥青渗透且水分蒸发,尽早铺筑沥青面层,防止工程车辆损坏透层。

3) 注意事项

① 透层油洒布后应不致流淌,应渗入基层一定深度,不得在表面形成油膜。

② 气温低于 10 ℃、有大风、即将降雨时,不得喷洒透层油。

③ 应按设计喷油量一次均匀洒布,当有漏洒时,应人工补洒。

④ 喷洒透层油后一定要严格禁止人和车辆通行。

⑤ 在摊铺沥青前,应将局部多余的未渗入基层的沥青清除。

⑥ 透层油洒布后应待充分渗透,一般 24 h 后才能摊铺上层,但也不能在透层油喷洒后很久不做上层施工,应尽早施工。

⑦ 无机结合料稳定的半刚性基层喷洒透层油后,如果不能及时铺筑面层,还需开放交通,应铺撒适量的石屑或粗砂,此时宜将透层油增加 10% 的用量,用 6~8 t 钢筒式压路机稳压一遍并控制车速。在摊铺上层时发现局部沥青剥落,应修补,还应清扫浮动石屑或砂。

2. 粘层施工技术

1) 作用与适用条件

粘层的作用:使上下层沥青结构层或沥青结构层与结构物(或水泥混凝土路面)完全粘成一个整体。

适用条件:符合下列情况,必须喷洒粘层沥青。

① 双层式或三层式热拌热铺沥青混合料路面的沥青层之间。

② 水泥混凝土路面、沥青稳定碎石基层或旧沥青路面层上加铺沥青层。

③ 路缘石、雨水进水口、检查井等构造物与新铺沥青混合料接触的侧面。

2) 一般要求

(1) 粘层沥青的技术要求。

粘层沥青宜采用快裂或中裂乳化沥青、改性乳化沥青,也可采用快、中凝液体石油沥青,其规格和质量应符合规范的要求,所使用的基质沥青标号宜与主层沥青混合料相同。

(2) 粘层沥青的品种、用量选择。

粘层沥青的品种和用量,应根据下卧层的类型通过试洒确定,应符合表 3.30 的要求。当粘层沥青上铺筑薄层大空隙排水路面时,粘层沥青的用量宜增加到 $0.6\sim1.0$ L/m²。在沥青层之间兼作封层而喷洒的粘层沥青宜采用改性沥青或改性乳化沥青,其用量宜不少于 1.0 L/m²。

表 3.30　沥青路面粘层材料的规格和用量表

下卧层类型	液体沥青		乳化沥青	
	规格	用量/(L/m²)	规格	用量/(L/m²)
新建沥青层或旧沥青路面	AL(R)-3～AL(R)-6 AL(M)-3～AL(M)-6	0.3～0.5	PC-3PA-3	0.3～0.6
水泥混凝土	AL(M)-3～AL(M)-6 AL(S)-3～AL(S)-6	0.2～0.4	PC-3PA-3	0.3～0.5

注：表中用量是指包括稀释剂和水等的液体沥青、乳化沥青的总量。乳化沥青中的残留物含量以 50% 为基准。

3）注意事项

① 喷洒表面应清扫干净并保持干燥。用水洗刷后需待表面干燥后喷洒。

② 气温低于 10 ℃时不得喷洒粘层油,寒冷季节施工不得不喷洒时可以分成两次喷洒。路面潮湿时不得喷洒粘层油。

③ 粘层油宜采用沥青洒布车喷洒并选择适宜的喷嘴,洒布速度和喷洒量保持稳定。当采用机动或手摇的手工沥青洒布机喷洒时,必须由熟练的技术工人操作,均匀洒布。

④ 喷洒的粘层油必须成均匀雾状,在路面全宽度内均匀分布成一薄层,不得有洒花漏空或成条状,也不得堆积。喷洒不足的要补洒,喷洒过量处应刮除。

⑤ 粘层油宜在当天洒布,待乳化沥青破乳、水分蒸发完成,或稀释沥青中的稀释剂基本挥发完成后,铺筑沥青层,确保粘层不受污染。

⑥ 喷洒粘层油后,严禁运料车外的其他车辆和行人通过。

3. 封层的施工技术

1）作用与适用条件

(1) 封层的作用：①封闭某一层,起保水防水作用；②起基层与沥青表面层的过渡和有效联结作用；③路的某一层表面破坏离析松散处的加固补强；④基层在沥青面层铺筑前,要临时开放交通,防止基层因天气或车辆作用出现水毁。封层可分为上封层和下封层。按照施工类型来分,封层可采用拌和法或层铺法的单层式表面处治,也可以采用乳化沥青稀浆封层。

(2) 适用条件。

各种封层适用于加铺薄层罩面、磨耗层、水泥混凝土路面上的应力缓冲层、防水和密水层、预防性养护罩面层。

上封层根据情况可选择乳化沥青稀浆封层、微表处、改性沥青集料封层、薄层磨耗层或其他适宜的材料。上封层的类型根据使用目的、路面的破损程度确定。

① 裂缝较细、较密时,可采用涂洒类密封剂、软化再生剂等涂刷罩面。

② 二级及二级以下公路的旧沥青路面可以采用普通的乳化沥青稀浆封层,也可在喷洒

道路石油沥青后撒布石屑(砂)碾压作为封层。

③ 高速公路、一级公路有轻微损坏处宜铺筑微表处。

④ 用于改善抗滑性能的上封层可采用稀浆封层、微表处或改性沥青集料封层。下封层宜采用层铺法表面处治或稀浆封层法施工。稀浆封层可采用乳化沥青或改性乳化沥青作为结合料。下封层的厚度不宜小于 6 mm，做到完全密水。多雨潮湿地区的高速公路、一级公路的沥青面层空隙率较大，有严重渗水可能，或铺筑基层不能及时铺筑沥青面层而需通行车辆时，宜在喷洒透层油后铺筑下封层。

2) 一般要求

(1) 使用层铺法沥青表面处治铺筑封层时，施工方法为层铺法表面处治工艺施工方法。其材料用量要求应符合有关规定。

(2) 封层宜选择在干燥和较热的季节施工，应在最高温度低于 15 ℃以前半个月及雨期前结束。

层铺法沥青路面施工

(3) 使用乳化沥青稀浆封层施工上下封层。

① 稀浆封层必须使用专用的摊铺机进行摊铺。

② 稀浆封层的矿料类型应根据封层的目的、道路等级进行选择；矿料级配应根据铺筑厚度、集料尺寸及摊铺用量等因素选用。

③ 稀浆封层可采用普通乳化沥青或改性乳化沥青，其品种和质量应符合规范的要求。

④ 稀浆封层和微表处的混合料中的乳化沥青及改性乳化沥青的用量应通过配合比设计确定。

⑤ 混合料的湿轮磨耗试验的磨耗损失不宜大于 800 g/m^2；轮荷压砂试验的砂吸收量不宜大于 600 g/m^2。

⑥ 稀浆封层混合料的加水量应根据施工摊铺和易性由稠度试验确定，要求的稠度应为 2~3 cm。

⑦ 稀浆封层两幅纵缝搭接的宽度不宜超过 80 mm，横向接缝宜做成对接缝。分两层摊铺时，第一层摊铺后，开放交通 24 h 后方可进行第二层摊铺。

3) 注意事项

① 稀浆封层施工前，应彻底清除原路面的泥土、杂物，修补坑槽、凹陷，较宽的裂缝宜清理灌缝。

② 稀浆封层施工应在干燥情况下进行。

③ 稀浆封层铺筑后，乳液破乳、水分蒸发、干燥成型后方可开放交通。

④ 稀浆封层施工气温不得低于 10 ℃，严禁在雨期施工，摊铺后尚未成型的混合料遇雨时应铲除。

4) 质量标准

沥青路面稀浆封层质量标准如表 3.31 所示。

表 3.31　沥青路面稀浆封层质量标准

检查项目	检查频度（每一幅车行道）	质量要求或允许偏差		试验方法
		高速公路、一级公路	其他等级公路	
平均厚度	每 1 km 3 点	−10%	−10%	挖小坑量测取平均
渗水系数	每 1 km 3 处	10 mL/min	10 mL/min	T 0971
路表构造深度	每 1 km 5 点	符合设计要求	符合设计要求	T 0961、T 0962
路面摩擦系数摆值	每 1 km 5 点	符合设计要求	符合设计要求	T 0964
横向力系数	全线连续	符合设计要求	符合设计要求	T 0965

2.3.2　沥青表面处治施工技术

沥青表面处治路面简称沥青表处路面,是由沥青和细粒碎石按比例组成的一种厚度不大于 3 cm 的薄层路面。沥青表处路面薄、造价低、施工简便、行车性能好,适用于三级及三级以下公路的沥青面层。

沥青表面处治可采用道路石油沥青、乳化沥青、煤沥青铺筑,沥青表面处治的集料最大粒径应与处治层的厚度相等。

沥青表面处治通常采用层铺法施工,宜采用沥青洒布车及集料撒布机联合作业。按照洒布沥青及铺撒矿料的层次,沥青表面处治可分为单层式、双层式和三层式 3 种,单层式和双层式为三层式的一部分。沥青表面处治宜选择在干燥和较热的季节施工,在最高温度低于15 ℃以前半个月及雨期前结束。

三层法施工工序:施工准备→洒透层油→洒第一层沥青→撒第一层集料→碾压→洒第二层沥青→撒第二层集料→碾压→洒第三层沥青→撒第三层集料→碾压→初期养护成型。

沥青表面处治的施工工艺如下。

(1) 清扫基层,洒布第一层沥青。沥青的洒布温度根据气温及沥青标号选择:石油沥青宜为 130～170 ℃;煤沥青宜为 80～120 ℃;乳化沥青在常温下洒布,加温洒布的乳液温度不得超过 60 ℃。前后两车喷洒的接茬处用铁板或建筑纸铺 1～1.5 m,使搭接良好。分几幅浇洒时,纵向搭接宽度宜为 100～150 mm。洒布第二、三层沥青的搭接缝应错开。

(2) 洒布主层沥青后应立即用集料撒布机撒布或人工撒布第一层主集料。撒布集料后应及时扫匀,达到全面覆盖、厚度一致、集料不重叠、不露出沥青的要求。局部有缺料时适当找补,积料过多时将多余集料扫出。两幅搭接处,第一幅洒布沥青应暂留 100～150 mm 宽度不撒布石料,待第二幅一起撒布。

(3) 撒布主集料后,不必等全段撒布完,立即用 6～8 t 钢筒双轮压路机从路边向路中心碾压 3～4 遍,每次轮迹重叠约 300 mm。碾压速度开始不宜超过 2 km/h,以后可适当增加。

(4) 第二、三层的施工方法和要求应与第一层相同,但可以采用 8 t 以上的压路机碾压。

除乳化沥青表面处治应待破乳、水分蒸发并基本成型后方可通车外,沥青表面处治在碾压结束后即可开放交通,并通过开放交通补充压实、稳定成型。在通车初期,应设专人指挥交通或设置障碍物控制行车,限制行车速度不超过 20 km/h,严禁畜力车及铁轮车行驶,使路面全部宽度均匀压实。

沥青表面处治应注意初期养护。当发现泛油时,应在泛油处补撒与最后一层石料规格相同的嵌缝料并扫匀,将过多的浮料扫出路外。

沥青表面处治质量标准应符合表 3.32 的规定。

表 3.32 沥青表面处治及贯入式路面质量标准

路面类型	检查项目		检查频度 (每一侧车行道)	质量要求或允许偏差	试验方法
沥青表面处治	外观		全线	密实,不松散	目测
	厚度	代表值	每 200 m,每车道 1 点	−5 mm	T 0921
		极值	每 200 m,每车道 1 点	−10 mm	T 0921
	路表平整度	标准差	全线每车道连续	4.5 mm	T 0932
		IRI	全线每车道连续	7.5 m/km	T 0933
		最大间隙	每 1 km 10 处,各连续 10 尺	10 mm	T 0931
	宽度	有侧石	每 1 km 20 个断面	±3 cm	T 0911
		无侧石	每 1 km 20 个断面	不小于设计宽度	T 0911
	纵断面高程		每 1 km 20 个断面	±20 mm	T 0911
	横坡坡度		每 1 km 20 个断面	±0.5%	T 0911
	沥青用量		每 1 km 1 点	±0.5%	T 0722
	矿料用量		每 1 km 1 点	±5%	T 0722
沥青贯入式路面	外观		全线	密实,不松散	目测
	厚度	代表值	每 200 m 1 点	−5 mm 或 −8%	T 0921
		极值	每 200 m 1 点	15 mm	T 0921
	路表平整度	标准差	全线连续	3.5 mm	T 0932
		IRI	全线连续	5.8 m/km	T 0933
		最大间隙	每 1 km 10 处,各连续 10 尺	8 mm	T 0931
	宽度	有侧石	每 1 km 20 个断面	±30 mm	T 0911
		无侧石	每 1 km 20 个断面	不小于设计宽度	T 0911
	纵断面高程		每 1 km 20 个断面	±20 mm	T 0911
	横坡坡度		每 1 km 20 个断面	±0.5%	T 0911
	沥青用量		每 1 km 1 点	±0.5%	T 0722
	矿料用量		每 1 km 1 点	±5%	T 0722

2.3.3 沥青贯入式面层施工技术

在初步压实的碎石(或破碎砾石)上分层浇洒沥青、撒布嵌缝料,再在上部铺筑热拌沥青混合料封层,经压实而成的沥青面层称为沥青贯入式面层。

沥青贯入式面层适用于三级及三级以下公路,也可作为沥青路面的联结层或基层。其厚度宜为 4~8 cm,但乳化沥青贯入式路面的厚度不宜超过 5 cm。当贯入层上部加铺拌和的沥青混合料面层成为上拌下贯式路面时,拌和层的厚度宜不小于 1.5 cm。

沥青贯入式面层具有较高的强度和稳定性,其强度主要以矿料的嵌挤为主,以沥青的黏结力为辅。由于沥青贯入式面层是一种多空隙结构,为防止路表面水的侵入和增强路面的水稳定性,最上层应撒布封层料或加铺拌和层。乳化沥青贯入式面层铺筑在半刚性基层上时,应铺筑下封层。沥青贯入层作为联结层使用时,可不撒表面封层料。

1. 施工流程

清扫基层→洒透层或粘层沥青(乳化沥青贯入式或沥青贯入式厚度小于 5 cm)→撒主层矿料→碾压→洒布第一遍沥青→撒第一遍嵌缝料→碾压→洒布第二遍沥青→撒第二遍嵌缝料→碾压→洒布第三遍沥青→撒封层料→碾压→初期养护。

沥青贯入式面层宜选择在干燥和较热的季节施工,宜在日最高温度降低至 15 ℃ 以前的半个月结束,使贯入式结构层通过开放交通碾压成型。

2. 材料要求

沥青贯入式路面的集料应选择有棱角、嵌挤性好的坚硬石料。沥青贯入层的主层集料最大粒径宜与贯入层厚度相当。当采用乳化沥青时,主层集料最大粒径可采用厚度的 0.8~0.85 倍,数量宜按压实系数为 1.25~1.30 计算。

沥青贯入式路面的结合料可采用道路石油沥青、煤沥青或乳化沥青。贯入式路面各层分次沥青用量应根据施工气温及沥青标号等在规定范围内选用。在寒冷地带或当施工季节气温较低、沥青针入度较小时,沥青用量宜用高限;在低温潮湿气候下用乳化沥青贯入时,应按乳液总用量不变的原则进行调整,上层较正常情况适当增加,下层较正常情况适当减少。

3. 施工要点

(1) 采用碎石摊铺机、平地机摊铺或人工摊铺主层集料。铺筑后严禁车辆通行。

(2) 碾压主层集料。撒布后应采用 6~8 t 的轻型钢筒式压路机自路两侧向路中心碾压,碾压速度宜为 2 km/h,每次轮迹重叠约 30 cm,碾压一遍后检验路拱和纵向坡度,当不符合要求时,应调整找平后再压;然后用重型的钢轮压路机碾压,每次轮迹重叠 1/2 左右,宜碾压 4~6 遍,直至主层集料嵌挤稳定,无显著轮迹。

(3) 浇洒第一层沥青。浇洒应按沥青表面处治的要求进行。采用乳化沥青贯入时,为防止乳液下漏过多,可在主层集料碾压稳定后,先撒布一部分上一层嵌缝料,再浇洒主层沥青。

(4) 采用集料撒布机撒布或人工撒布第一层嵌缝料。撒布后尽量扫匀,不足处应找补。当使用乳化沥青时,石料撒布必须在乳液破乳前完成。

(5) 立即用 8~12 t 钢筒式压路机碾压嵌缝料,轮迹重叠轮宽的 1/2 左右,宜碾压 4~6 遍,直至稳定。碾压时随压随扫,使嵌缝料均匀嵌入。因气温较高使碾压过程中发生较大推移现象时,应立即停止碾压,待气温稍低再继续碾压。

(6) 按上述方法浇洒第二层沥青、撒布第二层嵌缝料,然后碾压,再浇洒第三层沥青。

(7) 按撒布嵌缝料的方法撒布封层料。

(8) 采用 6~8 t 压路机进行最后碾压,宜碾压 2~4 遍,然后开放交通。

(9) 铺筑上拌下贯式路面时,贯入层不撒布封层料,拌和层应紧跟贯入层施工,使上下成为一个整体。贯入部分采用乳化沥青时应待其破乳、水分蒸发且成型稳定后方可铺筑拌和层;当拌和层与贯入部分不能连续施工且要在短期内通行施工车辆时,贯入层部分的第二遍嵌缝料应增加用量 2~3 m/1000 m^2;在摊铺拌和层沥青混合料前,应补充碾压并浇洒粘层沥青。

贯入式路面质量标准应符合表 3.32 的规定。

2.3.4 热拌沥青路面施工

热拌沥青路面施工流程图如图 3.7 所示。

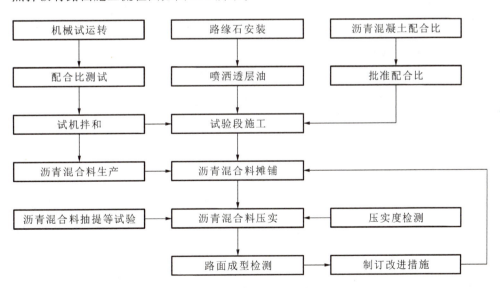

图 3.7 热拌沥青路面施工流程图

1. 施工准备

(1) 选购经调查试验合格的材料进行备料,矿料应分类堆放,矿粉必须是石灰岩磨细而成,不得受潮,必要时做好矿料堆放场地的硬化处理和

热拌沥青路面施工

场地四周排水及搭设矿粉库房或储存罐。

(2) 做好配合比设计并报送监理工程师审批,对各种原材料进行符合性检验。

(3) 在验收合格的基层上恢复中线(底面层施工时),在边线外侧 0.3~0.5 m 处每隔 5~10 m 钉边桩进行水平测量,拉好基准线,画好边线。

(4) 对下承层进行清扫,底面层施工前两天在基层上洒透层油。在中、底面层上喷洒粘层油。

(5) 试验段开工前 28 d 安装好试验仪器和设备,配备好后,试验人员报请监理工程师审核。各层开工前 14 d,在监理工程师批准的现场备齐全部机械设备进行试验段铺筑,以确定松铺系数、施工工艺、机械配备、人员组织、压实遍数,检查压实度、沥青含量、矿料级配、沥青混合料马歇尔试验各项技术指标等。

2. 沥青混合料的拌制

(1) 各种集料分类堆放,每个料源均进行试验,按要求的配合比进行配料。

(2) 设置间歇式具有密封性能及除尘的设备,设置有检测拌和温度装置的沥青混凝土拌和站。

(3) 拌和站设试验室,及时对沥青混凝土的原材料和沥青混合料进行检测。

(4) 热拌沥青混合料的施工温度与石油沥青的标号有关。沥青的加热温度控制在规范规定的范围之内,即 145~170 ℃。集料的加热温度根据拌和机类型确定,间歇式拌和机集料的加热温度比沥青温度高 10~30 ℃,连续式拌和机集料的加热温度比沥青温度高 5~10 ℃;混合料的出料温度控制在 135~170 ℃。混合料出料温度过高即废弃。混合料运至施工现场的温度控制在 135~150 ℃。

(5) 出厂的混合料须均匀一致,无白花料,无粗细料离析和结块现象,不符合要求时废弃。

3. 混合料的运输

(1) 根据拌和站的产量、运距,合理安排运输车辆。

(2) 运输车的车厢保持干净,涂防粘薄膜剂。运输车配备覆盖篷布以防雨和热量损失。

(3) 已离析、硬化在运输车厢内的混合料,低于规定铺筑温度或被雨淋的混合料应废弃。

4. 混合料的摊铺

(1) 根据路面宽度选用 1~2 台具有自动调节摊铺厚度及找平装置、可加热的振动熨平板,选用运行良好的高密度沥青混凝土摊铺机进行摊铺。

(2) 下、中面层采用走线法施工,表面层采用平衡梁法施工。

(3) 摊铺机均匀行驶,行驶速度和拌和站产量匹配,以确保所摊铺路面均匀、不间断地摊铺。在摊铺过程中,不准随意变换速度,尽量避免中途停顿。

（4）沥青混合料的摊铺温度根据气温变化进行调节，一般正常施工控制在125～140 ℃，在摊铺过程中随时检查并做好记录。

（5）开铺前将摊铺机的熨平板加热至不低于100 ℃。

（6）采用双机或三机递进式施工时，相邻两机的间距控制在10～20 m。两幅应有30～60 mm宽度的搭接。

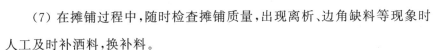

热拌沥青摊铺现场

（7）在摊铺过程中，随时检查摊铺质量，出现离析、边角缺料等现象时人工及时补洒料，换补料。

（8）在摊铺过程中随时检查高程及摊铺厚度并及时通知操作手。

（9）摊铺机无法作业的地方，在监理工程师同意后采取人工摊铺施工。

5. 混合料的压实

（1）压路机采用2～3台双轮双振压路机及2～3台不小于16 t的胶轮压路机。

（2）初压：采用钢轮压路机静压1～2遍，正常施工情况下，温度应不低于120 ℃，紧跟摊铺机；当对摊铺后初始压实度较大，经实践证明采用振动压路机或轮胎压路机直接碾压无严重推移而有良好效果时，可免初压。复压：紧跟在初压后开始，不得随意停顿。密级配沥青混凝土优先采用胶轮压路机进行搓揉碾压，以增加密水性，总质量不宜小于25 t。边角部分压路机碾压不到的位置，使用小型振动压路机碾压。

（3）采用雾状喷水法，以保证沥青混合料碾压过程中不粘轮。

（4）不在新铺筑的路面上进行停机、加水、加油活动，以防各种油料、杂质污染路面。压路机不准停留在温度尚未冷却至自然气温的已完成的路面上。

（5）碾压过程中，压路机不得中途停留、转向或制动，压路机每次由两端折回的位置阶梯形随摊铺机向前推进，使折回处不在同一横断面上，振动压路机在已成型的路面上行驶应关闭振动。

6. 接缝处理

（1）梯队作业采用热接缝，施工时将已铺混合料部分留下100～200 mm宽暂不碾压，作为后摊铺部分的高程基准面，后摊铺部分完成后立即骑缝碾压，以除缝迹。

（2）半幅施工不能采用热接缝时，采用人工顺直刨缝或切缝。铺另半幅前必须将边缘清扫干净，涂洒少量粘层沥青。摊铺时应重叠在已铺层上50～100 mm，摊铺后将混合料人工铲走。碾压时由边向中碾压留下100～150 mm，然后压实新铺部分，再跨缝挤紧压实。

（3）横向接缝的处理方法：用3 m直尺检查端部平整度，不符合要求时，垂直于路中线切齐清除。清理干净后在端部涂粘层沥青，接着摊铺。摊铺时调整好预留高度，接缝处摊铺层施工结束后再用3 m直尺检查平整度。横向接缝的碾压先用双轮双振压路机进行横压，碾压时压路机位于已压实的混合料层上，伸入新铺层的宽为150 mm，每压一遍向铺混合料方向移动150～200 mm，直至全部在新铺层上，再改为纵向碾压。

7. 检查试验

(1) 按施工技术规范要求的频率认真做好各种原材料、施工温度、矿料级配、马歇尔试验、压实度等试验工作。

(2) 在施工过程中随时检查铺筑厚度、平整度、宽度、横坡坡度、高程。

(3) 将所有检验结果资料报监理工程师审批和申报计量支付。

(4) 热拌沥青路面质量标准如表 3.33 所示。

表 3.33　热拌沥青路面质量标准

检查项目		检查频度（每一侧车行道）	质量要求或允许偏差		试验方法
			高速公路、一级公路	其他等级公路	
外观		随时	表面平整密实，不得有明显轮迹、裂缝、推挤、油汀、油包等缺陷，且无明显离析		目测
面层总厚度	代表值	每 1 km 5 点	设计值－5％	设计值－8％	T 0912
	极值	每 1 km 5 点	设计值－10％	设计值－15％	T 0912
上面层厚度	代表值	每 1 km 5 点	设计值－10％		T 0912
	极值	每 1 km 5 点	设计值－20％		T 0912
压实度	代表值	每 1 km 5 点	实验室标准密度的 96％(98％)、最大理论密度的 92％(94％)、试验段密度的 98％(99％)		T 0924
	极值（最小值）	每 1 km 5 点	比代表值放宽 1％(每 km)或 2％(全部)		T 0924
路表平整度	标准差	全线连续	1.2 mm	2.5 mm	T 0932
	IRI	全线连续	2.0 m/km	4.2 m/km	T 0933
	最大间隙	每 1 km 10 处，各连续 10 杆		5 mm	T 0931
路表渗水系数最大值		每 1 km 不少于 5 点，每点 3 处取平均值评定	300 mL/min(普通沥青路面)、200 mL/min(SMA 路面)		T 0971
宽度	有侧石	每 1 km 20 个断面	±20 mm	±30 mm	T 0911
	无侧石	每 1 km 20 个断面	不小于设计宽度	不小于设计宽度	T 0911
纵断面高程		每 1 km 20 个断面	±15 mm	±20 mm	T 0911
中线偏位		每 1 km 20 个断面	±20 mm	±30 mm	T 0911
横坡坡度		每 1 km 20 个断面	±0.3％	±0.5％	T 0911
弯沉	回弹弯沉	全线每 20 m 1 点	符合设计对交工验收的要求	符合设计对交工验收的要求	T 0951
	总弯沉	全线每 5 m 1 点	符合设计对交工验收的要求		T 0952
构造深度		每 1 km 5 点	符合设计对交工验收的要求		T 0961、T 0962、T 0963
摩擦系数摆值		每 1 km 5 点	符合设计对交工验收的要求		T 0964
横向力系数		全线连续	符合设计对交工验收的要求		T 0965

课后巩固

一、单项选择题

1. SMA 适用于在高速公路、一级公路路面作为（　　）使用。
   A. 表面层　　　　B. 中面层　　　　C. 基层　　　　D. 下面层

2. 水泥混凝土上加铺沥青层，应喷洒（　　）。
   A. 透层　　　　B. 粘层　　　　C. 封层　　　　D. 微表处

3. 下列属于沥青路面破坏形式的为（　　）。
   A. 断板　　　　B. 车辙　　　　C. 接缝损坏　　　　D. 错台

4. 沥青混凝土的简称是（　　）。
   A. AC　　　　B. AM　　　　C. SMA　　　　D. ATPB

5. 沥青混凝土结构形式是（　　）。
   A. 悬浮-密实结构　　　　　　　　B. 骨架-空隙结构
   C. 骨架-密实结构　　　　　　　　D. 悬浮-空隙结构

6. （　　）指为使沥青面层与非沥青材料基层结合良好，在基层上喷洒液体石油沥青、乳化沥青、煤沥青形成的透入基层表面一定深度的薄层。
   A. 透层　　　　B. 粘层　　　　C. 封闭层　　　　D. 连接层

7. 沥青混凝土路面施工流程：清理基层及放样→喷洒透层油→沥青混合料拌和→混合料运输→（　　）→沥青混合料压实→路面碾压成型。
   A. 混合料摊铺　　B. 混合料检测　　C. 混合料压实　　D. 混合料拌和

8. 沥青混凝土路面碾压步骤分为（　　）。
   A. 轻压、重压　　B. 轻压、终压　　C. 初压、终压　　D. 初压、复压、终压

二、判断题

1. 沥青表处按照"先油后料"的顺序施工，其中"油"指的是水泥。（　　）
2. 当地气候寒冷、施工气温较低、矿料粒径偏小时，宜采用稠度较高的沥青材料。（　　）
3. 粘层沥青指为加强路面沥青层与沥青层之间、沥青层与水泥混凝土路面之间的黏结而洒布的沥青材料薄层。（　　）
4. 透层沥青洒布时应适当多洒一些，形成油膜以增加黏性。（　　）
5. 当气温低于 10 ℃或路面潮湿时，不得浇洒粘层沥青。（　　）
6. 沥青混合料应均匀一致、无花白料、无结团成块或严重的粗细料分离现象，不符要求时不得使用并应及时调整。（　　）
7. 沥青混合料必须缓慢、均匀、连续、不间断地摊铺。（　　）
8. 沥青混合料从拌和机向运料车上放料时，汽车应保持一个位置，以方便上料。（　　）

任务 3 水泥混凝土路面施工

中国路

我国大陆高速公路的起步比发达国家整整晚了半个世纪。20世纪80年代中期，我国才开始高速公路的前身——汽车专用公路的探索。1981年，国务院授权国家计委、国家经委和交通部确定由12射、28纵、30横组成的国道网。1988年是我国大陆高速公路的"元年"：10月31日，全长20.5 km的沪嘉高速公路一期工程通车；11月4日，辽宁沈大高速公路沈阳至鞍山和大连至三十里堡两段共131 km建成通车。1988年底，我国内地高速公路总里程达到147 km，高速公路实现了零的突破，彻底结束了中国内地没有高速公路的历史。1990年，被誉为"神州第一路"的沈大高速公路建成通车，全长371 km，标志着我国高速公路发展进入一个新的时代。

到1997年底，我国高速公路通车里程达到4771 km。10年时间，我国相继建成沈大、京津塘、成渝、广深、济青等一批具有重要意义的高速公路。1998年，我国高速公路通车总里程达到8733 km，全年新增高速公路3962 km，全年实际完成公路建设投资2168亿元。"五纵七横"规划中的大部分高速公路项目开工建设，全国在建高速公路里程超过1.26万千米。2000年底，我国高速公路通车里程达到16 285公里，跃居世界第三位。

"十五"期间，我国高速公路继续保持举世瞩目的快速发展势头。2004年，交通部组织编制的《国家高速公路网规划》，是我国历史上第一个国家高速公路网规划，此次国家高速公路网由7条首都放射线、9条南北纵线、18条东西横线以及若干联络线、并行线、环线组成，简称"7918网"，规划里程约8.5万千米。

2012年,高速公路通车里程达9.6万千米,首次超越美国,居世界第一位。2013年,交通运输部研究编制的《国家公路网规划(2013—2030年)》经国务院批复后印发,该方案由国家高速公路和普通国道两个路网层次构成。国家高速公路由7条首都放射线、11条南北纵线、18条东西横线以及地区环线、并行线、联络线等组成,总里程约11.8万千米,另规划远期展望线1.8万千米,简称"71118网"。经过改革开放以来四十余年的发展,我国公路规模总量已位居世界前列,其中高速公路里程已稳居世界第一位。2020年底,高速公路总里程达16万千米,国家高速公路网主线基本建成,覆盖约99%的城镇人口20万以上城市及地级行政中心。

学习目标

1. 了解水泥混凝土路面类型及接缝构造。
2. 掌握水泥混凝土路面原材料要求。
3. 掌握水泥混凝土路面的施工流程要点及质量标准。

案例任务

识读工程案例,完成任务。

任务1:某施工单位承接隧道施工,洞内路面采用水泥混凝土刚性路面,路面结构自上而下分别为24 cm厚C25水泥混凝土上面层、20 cm厚C20水泥混凝土基层、10 cm厚C15水泥混凝土调平层。水泥混凝土路面施工工艺流程如图3.8所示。

回答下列问题。

1. 写出工艺流程图中工序A、B、C的名称。
2. 水泥混凝土路面的施工中,小型机具铺筑模板有什么要求?
3. 水泥混凝土路面施工主要机械设备的配置有哪些?

图 3.8 水泥混凝土路面施工工艺流程

任务2：查看某水泥混凝土路面接缝布置图（见图3.9），写出 A、B、C、D、E 的名称（从纵缝、拉杆、传力杆、缩缝、胀缝中选择填写）。

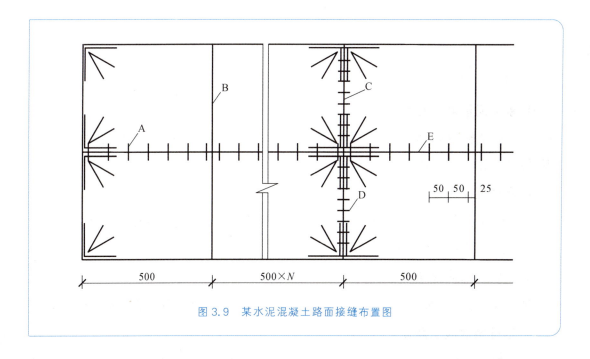

图 3.9　某水泥混凝土路面接缝布置图

任务知识点

（微课二维码）

3.1　水泥混凝土路面概述

　　水泥路面即水泥混凝土路面，俗称白色路面，是以水泥与水拌和成的水泥浆为结合料，以碎（砾）石、砂为集料，加适当的掺和料及外加剂，拌和成水泥混凝土混合料筑成的路面面层和基层、垫层所组成的路面，即由水泥混凝土面层板和基层、垫层组成的路面称为水泥混凝土路面。当车辆行驶在路面上时，路面会产生较小的弯曲变形，所以被称为刚性路面。

3.1.1 水泥混凝土路面的分类

1. 素水泥混凝土路面

素水泥混凝土路面包括普通混凝土路面[除接缝区和局部范围（边缘和角隅）外不配置钢筋的混凝土路面]和全部缩缝设传力杆的混凝土路面。

2. 钢筋混凝土路面

钢筋混凝土路面包括局部补强使用的间断（带接缝）钢筋混凝土路面、连续配筋混凝土路面和预应力钢筋混凝土路面。

3. 装配式混凝土路面

装配式混凝土路面是在工厂把混凝土预制成块，然后运至土地现场装配而成的路面。

4. 钢纤维混凝土路面

在水泥混凝土中掺入一些低碳钢、不锈钢纤维或其他纤维（如塑料纤维、纤维网等）即成为一种均匀而多向配筋的混凝土。用这种混凝土制成的路面为钢纤维混凝土路面。

3.1.2 水泥混凝土路面的优缺点

1. 水泥混凝土路面的优点

（1）强度高、刚度大、承载能力强。水泥混凝土路面具有很高的抗压强度，较高的抗弯拉强度、抗磨耗能力，使其对基层的承载能力要求较低，适合在稳定基层上的大交通量和重载交通的高速公路、国道、省道、机场、厂矿道路上使用。

（2）稳定性好。水泥混凝土路面耐水性好，能够较好地使用在降雨量较大地区和短期浸水的过水路面上。水泥混凝土路面的水稳性、热稳性均较好，特别是它的强度能随着时间的延长而逐渐提高，不存在沥青路面的那种"老化"现象。

（3）耐久性好。水泥混凝土路面的强度和稳定性好，所以它经久耐用，一般能使用20年，而且能通行包括履带式车辆等的各种运输工具。在标准轴载作用下，疲劳寿命可为500万~1000万次，抗冻性、抗滑性、耐磨性等耐久性优良。

（4）有利于夜间行车。水泥混凝土路面色泽鲜明，能见度好，对夜间行车有利。

（5）隔热性好。水泥混凝土路面冰雪融化慢，对季节性冻土路段保证路基冻土不融化失稳具有重要价值，对粗集料磨光值和磨耗值要求低，集料易得。

另外，路面更环保，当水流经过时，路面水对周围土壤和地下水无污染。水泥混凝土路面可以使用粉煤灰，具有良好的环保效益，耐油、耐酸、耐碱、耐腐蚀性强。其在保证建设质量的前提下,维修费用很节省,运营油耗低、经济性好,无沥青路面的弯沉盆,所以在使用期内车辆燃油消耗比沥青路面节省15%～20%。

2. 水泥混凝土路面的缺点

(1) 同等平整度舒适性较低。刚性路面模量很高,反弹颠簸大,设置的接缝多,振动大、噪声大。

(2) 板体性强,对基层抗冲刷性要求高。要求基层表面平整、抗冲刷能力强,否则易在接缝处出现唧泥、错台、啃边与破坏。

(3) 刚性大,不适应较大沉降。普通水泥路面不适用于基层与路基大变形和不均匀沉降,山区填挖方交界、高填方及长期浸水路段。

(4) 对超载与脱空相当敏感。普通水泥混凝土路面在超载条件下对板厚设计不足、材料强度不高或不均匀、结构内渗透排水不畅、施工质量不高、基层淘刷和基础支持不稳固等很敏感,超载运行对刚性路面极为不利,极易形成断板、断面、断角等结构性破坏。

(5) 维修难度大。水泥混凝土路面硬度大,在缺乏修复新材料和机械时,维修较为困难。交通运输部、机场、市政等部门正在进行快速维修技术的研究工作,目前已经能够实现当晚修复、第二天早上开放交通的要求。

另外,水泥混凝土路面容易造成眩光疲劳,白色路面的光、热反射能力高于黑色沥青路面,在高速公路上司机反映晃眼,眼睛容易疲劳。水泥混凝土路面颜色可使用彩色路面技术进行调整。

3.1.3 水泥混凝土路面接缝类型和构造

为了减小伸缩和翘曲变形受到约束而产生的应力并满足混凝土铺筑的要求,混凝土面层应设置各种类型的接缝。按作用的不同,接缝可分为缩缝、胀缝和施工缝三类。

1. 缩缝

缩缝的作用是控制混凝土的收缩应力和翘曲应力。按设置位置的不同,缩缝有横向缩缝和纵向缩缝两种。纵向缩缝在混凝土一次铺筑宽度大于4.5 m时设置,接缝平行于路中线。横向缩缝通常垂直于道路中线等间距布置。为了控制翘曲应力产生的裂缝,缩缝的间距(面层板长度)一般为4～6 m,基层的刚度越大,选用的间距应越短。为改善行驶质量,也可采用变间距缩缝,倾斜于路中线布置,使车辆的两侧车轮不同时驶经横缝,从而减少接缝不平整的影响,避免出现车辆共振现象。

缩缝有假缝、设传力杆假缝和设拉杆假缝三种构造形式,如图3.10所示。假缝是在混凝土表层做一个槽口,槽口下的混凝土断裂后,依靠断裂面处集料的嵌锁作用传递荷载。设传力杆假缝是在假缝内设置不妨碍混凝土板收缩位移的传力杆(圆钢筋),依靠传力杆传递荷载。这两种假缝形式用于横向缩缝。在特重和重交通道路上,应采用设传力杆假缝,以减少唧泥和错台病害的出现。设拉杆假缝为在假缝内设置拉杆(螺纹钢筋),以防止两侧混凝土板被拉开,多用于纵向缩缝。

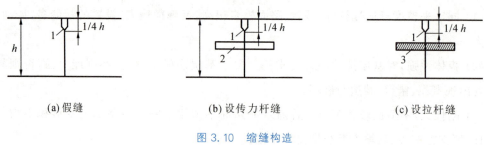

(a)假缝　　　　　(b)设传力杆缝　　　　　(c)设拉杆缝

图 3.10　缩缝构造

1—槽口;2—传力杆;3—拉杆

2.胀缝

在采用较短缩缝间距和在非低温时浇筑混凝土的情况下,可仅在邻近构造物或与其他路面不对称交叉处设置胀缝。胀缝构造如图3.11所示。胀缝传力杆的尺寸、布置间距和要求,与缩缝传力杆相同,但胀缝传力杆的一端需加一个金属套。金属套应能套住传力杆5 cm长并在套顶留下2～2.5 cm长的空间,供板伸长位移时传力杆有向前移动的余地。

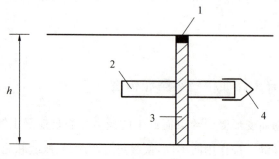

图 3.11　胀缝构造

1—填封料;2—传力杆;3—预制填缝板条;4—金属套

3.施工缝

每天工作结束或因临时原因中断施工时,需设置横向施工缝,如图 3.12 所示。混凝土一次铺筑宽度小于路面宽度时,需设置纵向施工缝,如图 3.12 所示。横向施工缝应尽可能设在缩缝处,做成设传力杆平缝。如有困难而设在缩缝之间时,施工缝采用设拉杆企口缝,以保证缝隙不张开。纵向施工缝采用设拉杆平缝或设拉杆企口缝。传力杆和拉杆的尺寸和间距,与缩缝和胀缝的传力杆和拉杆相同。

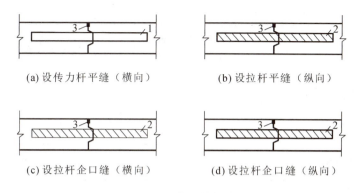

图 3.12 施工缝构造

1—传力杆；2—拉杆；3—填封料

3.2 水泥混凝土路面原材料要求

3.2.1 水泥

（1）极重、特重、重交通荷载等级公路面层水泥混凝土应采用旋窑生产的道路硅酸盐水泥、硅酸盐水泥、普通硅酸盐水泥，中、轻交通荷载等级公路面层水泥混凝土可采用矿渣硅酸盐水泥。高温期施工宜采用普通型水泥，低温期施工宜采用早强型水泥。面层水泥混凝土所用的水泥各龄期的实测抗折强度、抗压强度应符合表3.34 的规定。

水泥混凝土路面材料要求

表 3.34 面层水泥混凝土用水泥各龄期的实测强度值

混凝土设计弯拉强度标准值/MPa	5.5		5.0		4.5		4.0	
龄期/d	3	28	3	28	3	28	3	28
水泥实测抗折强度/MPa	≥5.0	≥8.0	≥4.5	≥7.5	≥4.0	≥7.0	≥3.0	≥6.5
水泥实测抗压强度/MPa	≥23.0	≥52.5	≥17.0	≥42.5	≥17.0	≥42.5	≥10.0	≥32.5

（2）各交通荷载等级公路面层水泥混凝土用水泥的成分、物理指标要求应符合相关规范的规定，如表 3.35 和表 3.36 所示。

表 3.35　各交通荷载等级公路面层水泥混凝土用水泥的成分要求

项次	水泥成分	极重、特重、重交通荷载等级	中、轻交通荷载等级	试验方法
1	熟料游离氧化钙含量/(%)	≤1.0	≤1.8	CB/T 176—2017
2	氧化镁含量/(%)	≤5.0	≤6.0	
3	铁铝酸四钙含量/(%)	15.0～20.0	12.0～20.0	
4	铝酸三钙含量/(%)	≤7.0	≤9.0	
5	三氧化硫含量/(%)	≤3.5	≤4.0	
6	碱含量 $Na_2O+0.658K_2O$/(%)	≤0.6	怀疑集料有碱活性时,≤0.6;无碱活性时,≤1.0	
7	氯离子含量/(%)	≤0.06	≤0.06	
8	混合材种类	不得掺窑灰、煤矸石、火山灰、烧黏土、煤渣,有抗盐冻要求时不得掺石灰岩粉	不得掺窑灰、煤矸石、火山灰、烧黏土、煤渣,有抗盐冻要求时不得掺石灰岩粉	水泥厂提供

注:1.三氧化硫含量在硫酸盐腐蚀场合为必测项目,在无腐蚀场合为选测项目。
　　2.氯离子含量在配筋混凝土与钢纤维混凝土面层中为必测项目,在水泥混凝土面层中为选测项目。

表 3.36　各交通荷载等级公路面层水泥混凝土用水泥的物理指标要求

项次	水泥物理性能		极重、特重、重交通荷载等级	中、轻交通荷载等级	试验方法
1	出磨时安定性		雷氏夹和蒸煮法检验均必须合格	蒸煮法检验必须合格	JTG E30—2005 的 T 0505
2	凝结时间/h	初凝时间	≥1.5	≥0.75	
		终凝时间	≤10	≤10	
3	标准稠度需水量/(%)		≤28.0	≤30.0	
4	比表面积/(m²/kg)		300～450	300～450	JTG E30—2005 的 T 0504
5	细度(80 μm 筛余)/(%)		≤10.0	≤10.0	JTG E30—2005 的 T 0502
6	28 d 干缩率/(%)		≤0.09	≤0.10	JTG E30—2005 的 T 0511
7	耐磨性/(kg/m²)		≤2.5	≤3.0	JTG E30—2005 的 T 0510

(3)选用水泥时应对拟采用厂家水泥进行混凝土配合比对比试验,根据所配制的混凝

土弯拉强度、耐久性和工作性,选择适宜的水泥品种、强度等级。

(4) 采用滑模摊铺机铺筑时,宜选用散装水泥。高温期施工时,散装水泥的入罐最高温度不宜高于 60 ℃;低温期施工时,水泥进入搅拌缸前的温度不宜低于 10 ℃。

3.2.2 粗集料

为获得密实、高强度、耐久性好、耐磨耗的混凝土,粗集料(碎石、碎卵石或卵石)必须质地坚硬、耐久、洁净,有良好的级配。

粗集料的粒状以接近正方体为佳。表面粗糙且多棱角的粗集料,与水泥浆的黏附性好,配制的混凝土具有较高的强度,在相同水泥浆用量条件下,砾石配制的混凝土具有较好的和易性。

极重、特重、重交通荷载等级公路面层混凝土用粗集料质量不应低于表 3.37 中 Ⅱ 级的要求;中、轻交通荷载等级公路面层混凝土可使用 Ⅲ 级粗集料。

表 3.37 碎石、碎卵石和卵石的技术指标

项目	技术要求		
	Ⅰ级	Ⅱ级	Ⅲ级
碎石压碎值/(%)	≤18	≤25	≤30
卵石压碎值/(%)	≤21	≤23	≤26
坚固性(按质量损失计)/(%)	≤5	≤8	≤12
针片状颗粒含量(按质量计)/(%)	≤8	≤15	≤20
含泥量(按质量计)/(%)	≤0.5	≤1.0	<2.0
泥块含量(按质量计)/(%)	≤0.2	≤0.5	≤0.7
吸水率(按质量计)/(%)	≤1.0	≤2.0	≤3.0
有机物含量(比色法)	合格	合格	合格
硫化物及硫酸盐(按 SO_3 质量计)/(%)	≤0.5	≤1.0	≤1.0
岩石抗压强度	火成岩≥100 MPa;变质岩≥80 MPa;水成岩≥60 MPa		
表观密度/(kg·m^{-3})	≥2500		
松散堆积密度/(kg·m^{-3})	≥1350		
空隙率/(%)	≤47		
磨光值/(%)	≥35.0		
碱活性反应	经碱-集料反应试验后,试件无裂缝、酥裂、胶体外溢等现象,在规定试验龄期的膨胀率应小于 0.10%		

注:1. 有抗冰冻、抗盐冻要求时,应检验粗集料吸水率。
2. 硫化物、硫酸盐含量、碱活性反应、岩石抗压强度在粗集料使用前应至少检验一次。

3.2.3 细集料

细集料应采用质地坚硬、耐久、干净的天然砂、机制砂或混合砂,不宜使用再生细集料,应符合表3.38的规定。极重、特重、重交通荷载等级公路混凝土路面层水泥混凝土用天然砂不应低于表3.38规定的Ⅱ级,中、轻交通荷载等级公路面层水泥混凝土可使用Ⅲ级天然砂。

表 3.38 天然砂的质量标准

项目	技术要求		
	Ⅰ级	Ⅱ级	Ⅲ级
坚固性(按质量损失计)/(%)	≤6	≤8	≤10
含泥量(按质量计)/(%)	≤1.0	≤2.0	≤3.0
泥块含量(按质量计)/(%)	0	≤0.5	≤1.0
氯离子含量(按质量计)/(%)	≤0.02	≤0.03	≤0.06
云母含量(按质量计)/(%)	≤1.0	≤1.0	≤2.0
硫化物及硫酸盐含量(按SO_3质量计)/(%)	≤0.5	≤0.5	≤0.5
海砂中的贝壳类物质含量(按质量计)/(%)	≤3.0	≤5.0	≤8.0
轻物质含量(按质量计)/(%)	≤1.0		
吸水率/(%)	2.0		
表观密度/(kg·m^{-3})	≥2500		
松散堆积密度/(kg·m^{-3})	≥1400		
空隙率/(%)	≤45		
有机物含量(比色法)	合格		
碱活性反应	不得有碱活性反应或疑似碱活性反应		
结晶态二氧化硅含量/(%)	≥25.0		

天然砂的级配要求应符合表3.39的规定,水泥混凝土面层使用的天然砂宜为细度模数为2.0~3.7的中砂。同一配合比用砂的细度模数变化范围不应超过0.3,否则,应分别堆放并调整配合比中的砂率后使用。配筋混凝土路面及钢筋混凝土路面不得使用海砂。

表 3.39 天然砂的推荐级配范围

砂分级	细度模数	方筛孔尺寸/mm							
		9.50	4.75	2.36	1.18	0.60	0.30	0.15	0.075
		通过各筛孔的质量百分率/(%)							
粗砂	3.1～3.7	100	90～100	65～95	35～65	15～30	5～20	0～10	0～5
中砂	2.3～3.0	100	90～100	75～100	50～90	30～60	8～30	0～10	0～5
细砂	1.6～2.2	100	90～100	85～100	75～100	60～84	15～45	0～10	0～5

机制砂采用碎石作为原料，用专用设备生产。极重、特重、重交通荷载等级公路面层水泥混凝土用机制砂的质量标准不低于表 3.40 的规定。中、轻交通荷载等级公路面层水泥混凝土可使用Ⅲ级天然砂，还应检验砂浆磨光值（宜大于 35）。机制砂不宜使用抗磨性较差的泥岩、页岩、板岩等水成岩类母岩品种生产。配制机制砂混凝土时，外加剂宜采用引气高效减水剂或聚羧酸高性能减水剂。

表 3.40 机制砂的质量标准

项目		技术要求		
		Ⅰ级	Ⅱ级	Ⅲ级
机制母岩的抗压强度/MPa		≥80.0	≥60.0	≥30.0
机制母岩的磨光值		≥38.0	≥35.0	≥30.0
机制砂单粒级最大压碎值指标/(%)		≤20.0	≤25.0	≤30.0
坚固性（按质量损失计）/(%)		≤6	≤8	≤10
含泥量（按质量计）/(%)		≤1.0	≤2.0	≤3.0
泥块含量（按质量计）/(%)		0	≤0.5	≤1.0
氯离子含量（按质量计）/(%)		≤0.01	≤0.02	≤0.06
云母含量（按质量计）/(%)		≤1.0	≤2.0	≤2.0
硫化物及硫酸盐含量（按 SO_3 质量计）/(%)		≤0.5	≤0.5	≤0.5
石粉含量/(%)	MB<1.4 或合格	<3.0	<5.0	<7.0
	MB≥1.4 或不合格	<1.0	<3.0	<5.0
轻物质含量（按质量计）/(%)		≤1.0		
吸水率/(%)		2.0		
表观密度/(kg·m^{-3})		≥2500		
松散堆积密度/(kg·m^{-3})		≥1400		
空隙率/(%)		≤45		
有机物含量（比色法）		合格		
碱活性反应		不得有碱活性反应或疑似碱活性反应		

机制砂的级配要求应符合表 3.41 的规定。水泥混凝土面层使用的机制砂宜为细度模数为 2.3～3.1 的中砂。

表 3.41　机制砂的推荐级配范围

机制砂分级	细度模数	方筛孔尺寸/mm						
		9.50	4.75	2.36	1.18	0.60	0.30	0.15
		水洗法通过各筛孔的质量百分率/(%)						
Ⅰ级砂	2.3～3.1	100	90～100	80～95	50～85	30～60	10～20	0～10
Ⅱ、Ⅲ级砂	2.8～3.9	100	90～100	50～95	30～65	15～29	5～20	0～10

3.2.4　水

符合现行《生活饮用水卫生标准》(GB 5749—2022)的饮用水可直接作为混凝土搅拌与养护用水。养护用水可不检验不溶物含量和其他杂质含量。

非饮用水应进行水质检验,应符合表 3.42 的规定,还应与蒸馏水进行水泥凝结时间与水泥胶砂强度的对比试验;对比试验的水泥初凝与终凝时间差均不应大于 30 min,水泥胶砂 3 d 和 28 d 强度不应低于蒸馏水配制的水泥胶砂 3 d 和 28 d 强度的 90%。

表 3.42　非饮用水质量标准

项次	项目	钢筋混凝土及钢纤维混凝土	素混凝土	试验方法
1	pH	≥5.0	≥4.5	
2	Cl^{-1} 含量/(mg/L)	≤1000	≤3500	
3	SO_4^{2-} 含量/(mg/L)	≤2000	≤2700	
4	碱含量/(mg/L)	≤1500	≤1500	JGJ 63—2006
5	可溶物含量/(mg/L)	≤5000	≤10 000	
6	不溶物含量/(mg/L)	≤2000	≤5000	
7	其他杂质含量	不应有漂浮的油脂和泡沫;不应有明显的颜色和异味		

3.2.5　外加剂

(1)外加剂主要有普通减水剂、高效减水剂、早强减水剂、缓凝高效减水剂、缓凝减水剂、引气减水剂、引气高效减水剂、引气缓凝高效减水剂、早强高效减水剂、引气早强高效减水剂、早强剂、缓凝剂、引气剂、阻锈剂等。外加剂的产品质量应符合相应技术指标。外加剂的出厂报告中应标明其主要化学成分和使用注意事项。面层水泥混凝土的各种外加剂应在有相应资质的检测机构检验合格并提供检验报告后方可使用。

（2）外加剂产品应使用工程实际采用的水泥、集料和拌合用水进行试配，检验其性能，确定合理掺量。外加剂复配使用时，不得有絮凝现象，应使用工程实际采用的水泥、集料和拌合用水进行试配，确定其性能满足要求后方可使用。

（3）各种可溶外加剂均应充分溶解为均匀水溶液，按配合比计算的剂量加入。采用非水溶的粉状外加剂时，应保证其分散均匀，搅拌充分，不得结块。

（4）滑模摊铺施工的水泥混凝土面层宜采用引气高效减水剂；高温施工混凝土拌合物的初凝时间短于 3 h 时，宜采用缓凝引气高效减水剂；低温施工混凝土拌合物终凝时间长于 10 h 时，宜采用早强引气高效减水剂。

（5）有抗冰冻、抗盐冻要求时，各级公路水泥混凝土面层及暴露结构物混凝土应掺入引气剂；无抗冻要求地区的二级及二级以上公路水泥混凝土面层宜掺入引气剂。

（6）处在海水、海风、氯离子环境或冬季撒除冰盐的路面或桥面钢筋混凝土、钢纤维混凝土中可掺用或复配阻锈剂，阻锈剂产品的质量标准、检验方法及应用技术应符合相关规定。

3.2.6 钢筋

（1）水泥混凝土、钢筋混凝土及连续配筋混凝土面层所用钢筋、钢筋网、传力杆、拉杆等应符合国家和行业现行相关标准的规定。

（2）钢筋不得有裂纹、断伤、刻痕、表面油污和锈蚀；配筋混凝土路面与桥面用钢筋宜采用环氧树脂涂层或防锈漆涂层等保护措施。传力杆应无毛刺，两端应加工成圆锥形或半径为 2~3 mm 的圆倒角。

（3）胀缝传力杆应在一端设置镀锌钢管帽或塑料套帽，套帽厚度不应小于 2.0 mm。套帽应密封、不透水，套帽长度宜为 100 mm，套帽内活动空隙长度宜为 30 mm。

（4）传力杆钢筋应采取喷塑、镀锌、电镀或涂防锈漆等防锈措施，防锈层不得局部缺失。拉杆钢筋应在中部不小于 100 mm 范围内采取涂防锈漆等防锈措施。

3.2.7 纤维

（1）用于公路混凝土路面和桥面水泥混凝土的钢纤维除应满足现行《纤维混凝土应用技术规程》(JGJ/T 221—2010)的要求外，尚应符合下列规定：

① 钢纤维抗拉强度不宜低于 600 级。

② 钢纤维应进行有效的防锈蚀处理。

③ 钢纤维的几何参数及形状精度应满足相关规定，如表3.43所示。钢丝切断型钢纤维或波形、带倒钩的钢纤维不应使用。

(2) 钢纤维表面不应沾染油污及妨碍水泥黏结及凝结硬化的物质，结团、黏结连片的钢纤维不得使用。

(3) 用于面层水泥混凝土的玄武岩短切纤维的外观应为金褐色，匀质、表面无污染，二氧化硅含量应为48%～60%。其表面浸润剂应为亲水型。玄武岩纤维、玄武岩短切纤维的规格、尺寸及其精度应符合相关规定，如表3.44和表3.45所示。

(4) 用于面层水泥混凝土的合成纤维可采用聚丙烯腈(PANF)、聚丙烯(PPF)、聚酰胺(PAF)和聚乙烯醇(PVAF)等材料制成的单丝纤维或粗纤维，其质量应符合相关规定，实测单丝抗拉强度最小值不得小于450 MPa。

(5) 合成纤维的规格、加工精度及分散性应满足相关规定，如表3.46所示。

表3.43　钢纤维的几何参数及形状精度要求

钢纤维的几何参数及形状精度	长度/mm	长度合格率/(%)	直径(等效直径)/mm	形状合格率/(%)	弯折合格率/(%)	平均根数与标称根数偏差/(%)	杂质含量/(%)	试验方法
技术要求	25～50	＞90	0.3～0.9	＞90	＞90	±10	＜1.0	JGJ/T 221—2010

表3.44　玄武岩纤维质量标准

项次	项目	技术要求	试验方法
1	抗拉强度/MPa	≥1500	JT/T 776.1—2010
2	弹性模量/MPa	≥8.0×10^5	
3	密度/(g/cm^3)	2.60～2.80	
4	含水率/(%)	≤0.2	
5	耐碱性(断裂强度保留率)/(%)	≥75	

注：1. 耐碱性是在饱和Ca(OH)$_2$溶液中煮沸4 h的强度保留率。
　　2. 除密度与含水率外，其他每项实测值的变异系数不应大于10%。

表3.45　玄武岩短切纤维的规格、尺寸及其精度

纤维类型	公称长度/mm	长度合格率/(%)	单丝公称直径/μm	线密度/tex	线密度合格率/(%)	外观合格率/(%)	试验方法
合股丝(S)	20～35	＞90	9～25	50～900	＞90	≥95	JT/T 776.1—2010
加捻合股纱(T)	20～35	＞90	7～13	30～800	＞90	≥95	

注：1. 合股丝适用于有抗裂性要求的玄武岩纤维混凝土。
　　2. 加捻合股丝适用于提高弯拉强度要求的玄武岩纤维混凝土。

表 3.46　合成纤维的规格、加工精度及分散性要求

外形分类	长度/mm	当量直径/μm	长度合格率/(%)	形状合格率/(%)	混凝土中分散性/(%)	试验方法
单丝纤维	20～40	4～65	>90	>90	±10	GB/T 21120—2018
粗纤维	20～80	100～500				

3.2.8　接缝材料

胀缝接缝板应选用能适应混凝土板膨胀收缩、施工时不变形、复原率高和耐久性好的材料。

高速公路和一级公路宜选用橡胶板、沥青纤维板；其他等级公路也可选用浸油木板。用于水泥混凝土面层的胀缝板的高度、长度和厚度应符合设计要求，应按设计间距预留传力杆孔。孔径宜大于传力杆直径 2 mm，高度和厚度尺寸偏差均应小于 1.5 mm。胀缝板质量应符合表 3.47 的规定。

表 3.47　胀缝板质量标准

项目	胀缝板的种类		
	塑胶板、橡胶（泡沫）板	沥青纤维板	浸油木板
压缩应力/MPa	0.2～0.6	2.0～10.0	5.0～20.0
弹性复原率/(%)	≥90	≥65	≥55
挤出量/mm	<5.0	<3.0	<5.5
弯曲荷载/N	0～50	5～40	100～400

注：浸油木板在加工时应风干、去除结疤并用木材填实，浸泡时间不应小于 4 h；各种接缝板的厚度应为(20～25) mm±2 mm。

接缝填缝料应选用与混凝土接缝槽壁黏结力强、回弹性好、适应混凝土板收缩、不溶于水、不渗水、高温时不流淌、低温时不脆裂、耐老化、有一定抵抗砂石嵌入的能力、便于施工操作的材料。硅酮类、聚氨酯类常温施工式填缝料可用于各等级公路水泥混凝土面层；橡胶沥青、改性沥青类填缝料可用于二级及二级以下公路，不宜用于高速公路和一级公路；道路石油沥青类填缝料可用于三、四级公路，不宜用于二级公路，不得用于高速公路和一级公路。

加热施工式橡胶沥青填缝料质量应符合表 3.48 的规定。

表 3.48 加热施工式橡胶沥青填缝料质量标准

项目	高温型	普通型	低温型	严寒型
低温拉伸	0 ℃/RH25％/3循环,15 mm,一组3个试件全部通过	−10 ℃/RH50％/3循环,15 mm,一组3个试件全部通过	−20 ℃/RH75％/3循环,15 mm,一组3个试件全都通过	−30 ℃/RH100％/3循环,15 mm,一组3个试件全部通过
针入度	≤70	50~90	70~110	90~150
软化点	≥80	≥80	≥80	≥80
流动值/mm	≤3	≤5	≤5	≤5
弹性恢复率/(％)	30~70	30~70	30~70	30~70

填缝背衬垫条应具有弹性良好、柔韧性好、不吸水、耐酸碱腐蚀及高温不软化等性能。背衬垫条可采用橡胶、发泡聚氨酯、微孔泡沫塑料等制成,其形状宜为可压缩圆柱形,直径宜比接缝宽度大 2~5 mm。

3.3 水泥混凝土路面施工

目前,在实际水泥混凝土路面工程建设中,高速公路、一级公路基本上使用滑模摊铺装备和工艺,二级及二级以下公路水泥混凝土路面的施工大多采用三辊轴机组施工设备与工艺。小型机具施工工艺多用于三、四级公路。

常见的水泥混凝土路面的摊铺机械有滑模摊铺机、三辊轴机组、小型机具、碾压混凝土摊铺机等,各种摊铺机械的选用宜符合表 3.49 的要求。

表 3.49 与公路等级适应的摊铺机械

摊铺机械装备	高速公路	一级公路	二级公路	三级公路	四级公路
滑模摊铺机	★	★	★	▲	●
三辊轴机组	●	▲	★	★	★
小型机具	×	●	▲	★	★
碾压混凝土摊铺机	×	●	★		▲

注:1. ★表示应使用;▲表示有条件使用;●表示不宜使用;×表示不得使用。
2. 碾压混凝土摊铺机也可用于铺筑高速公路、一级公路复合式路面的下面层和贫混凝土基层。

水泥混凝土路面施工流程如图 3.13 所示。

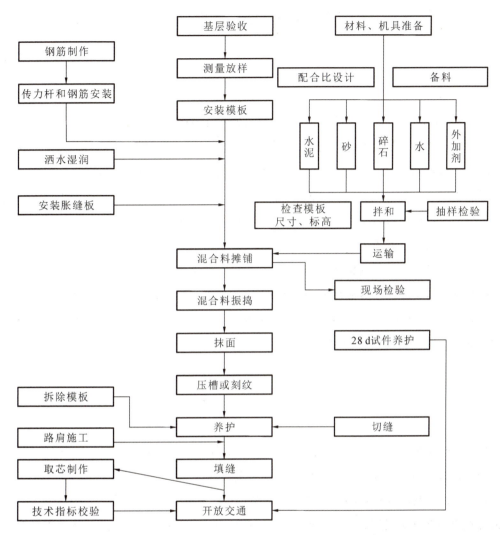

图 3.13 水泥混凝土路面施工流程

3.3.1 模板及其架设与拆除

水泥混凝土
路面施工

（1）施工模板应采用刚度足够的槽钢、轨模或钢制边侧模板，不应使用木模板、塑料模板等易变形模板。

（2）支模前应在基层上进行模板安装及摊铺位置的测量放样，核对路面标高，面板分板、胀缝和构造物的位置。

（3）纵横曲线路段应采用短模板，每块横板中点应安装在曲线切点上。

（4）模板安装应稳固、平顺、无扭曲，应能承受摊铺、振实、整平设备的负载行进，受冲击和振动时不发生位移。

（5）模板与混凝土拌合物接触表面应涂隔离剂。

(6) 模板拆除应在混凝土抗压强度不小于 8.0 MPa 时进行。

3.3.2 混凝土拌合物搅拌

(1) 搅拌楼应优先选配间歇式搅拌楼,也可使用连续搅拌楼。

(2) 每台搅拌楼在投入生产前,必须进行标定和试拌。在标定有效期满或搅拌楼搬迁安装后,应重新标定。施工中应每 15 d 校验一次搅拌楼计量精确度。搅拌楼配料计量偏差不得超过规定。不满足时,应分析原因,排除故障,确保拌和计量精确度。采用计算机自动控制系统的搅拌楼时,应使用自动配料生产,并按需要打印每天(周、旬、月)对应路面摊铺桩号的混凝土配料统计数据及偏差。

(3) 应根据拌合物的黏聚性、均质性及强度稳定性试拌确定最佳拌和时间。

(4) 外加剂应以稀释溶液加入,其稀释用水和原液中的水,应从加水量中扣除。

(5) 拌和引气混凝土时,搅拌楼一次拌和量不应大于其额定搅拌量的 90%。纯拌和时间应控制在含气量最大或较大时。

3.3.3 混凝土拌合物的运输

(1) 应根据施工进度、运量、运距及路况,选配车型和车辆总数。总运力应比总拌和能力略强。确保新拌混凝土在规定时间内运到摊铺现场。

(2) 运输到现场的拌合物必须具有适宜摊铺的工作性。不同摊铺工艺的混凝土拌合物从搅拌机出料到运输、铺筑完毕的允许最长时间应符合时间控制的规定,不满足时应通过试验加大缓凝剂或保塑剂的剂量。

(3) 混凝土运输过程中应防止漏浆、漏料和污染路面,途中不得随意耽搁。自卸车运输应减小颠簸,防止拌合物离析。车辆起步和停车应平稳。

3.3.4 混凝土摊铺(小型机具施工)

(1) 小型机具铺筑宽度不大于 4.5 m 时,铺筑能力不宜小于 20 m/h。

(2) 混凝土拌合物摊铺前,应对模板的架设位置、精度、支撑稳固情况,传力杆、拉杆的安设等进行全面检查,并洒水润湿板底。应采用厚度标尺板全面检测板厚,与设计值相符方可开始摊铺。

(3) 拌合物的坍落度宜控制在 5~20 mm。松铺系数宜控制在 1.10~1.25,坍落度高时取低值,横坡高侧取高值。

(4) 卸料应均匀;采用人工布料时,应用铁锹反扣,不得抛掷和搂耙。

(5) 已铺筑好的面层端头应设置施工缝,不能被振实的拌合物应废弃。

(6) 小型机具铺筑时,应依次使用振捣棒、振动板、振动梁振捣密实。

3.3.5 混凝土振捣(小型机具施工)

1. 插入式振捣棒振实

(1) 在待振横断面上,每车道路面应使用 3 根振捣棒,振捣棒的功率不应小于 1.1 kW,沿横断面连续振捣密实并应注意路面板底、内部和边角处不得欠振或漏振。

(2) 振捣时,振捣棒应轻插慢提,不得在拌合物中平推或拖拉振捣。

(3) 振捣棒移动距离不应大于有效作用半径的 1.5 倍并不大于 500 mm。振捣棒在每一处的持续时间,应以拌合物全面振动液化、表面不再冒气泡和泛水泥浆为限,不宜过振,每处振动时间也不宜短于 30 s。边角插入振捣离模板的距离不应大于 150 mm 并应避免碰撞模板。

(4) 缩缝传力杆支架与胀缝钢筋笼应预先安装固定,再用振捣棒振捣密实。边缘拉杆振捣时,应人工扶正拉杆。

(5) 振捣时,应辅以人工补料,随时检查振实效果,及时纠正模板、拉杆、传力杆和钢筋的移位、变形、松动、漏浆等情况。

2. 振动板振实

(1) 每车道应配备不少于 2 台振动板,振动板的功率不应小于 2.2 kW。

(2) 每个振动板应由两名作业人员提拉振动,不得自由放置或长时间持续振动。振动板移位时,应重叠 100~200 mm,每处振动时间不应少于 15 s。

(3) 振动板振动应纵、横向交错两遍,不得过振或漏振,应控制振动板板底泛浆厚度为 4 mm±1 mm。

(4) 缺料的部位,应在振动的同时辅以人工补料找平。

3. 振动梁振实

(1) 应配备 1 根振动梁,长度应比路面宽度每侧宽出 300~500 mm。振动梁上应安装 2 台附着式表面振动器,振动器功率不应小于 1.1 kW。振动梁底部应焊接或安装深度为 4 mm 的粗集料压入齿。

(2) 振动板振实长度达到 10 m 后,可垂直路面中线纵向人工拖动振动梁,在模板顶面往复拖行 2~3 遍,使表面泛浆均匀平整。

(3) 拖行过程中,振动梁下间隙应及时用混凝土补平,不得用纯砂浆填补;料位高出模板时应人工铲除,直到表面泛浆均匀、路面平整。

3.3.6 整平饰面

(1) 滚杠整平:每车道路面应配备 1 根滚杠(双车道两根)。振动梁振实后,应拖动滚杠往返 2～3 遍提浆整平。第一遍应短距离缓慢拖滚或推滚,以后应较长距离匀速拖滚并将水泥浆始终赶在滚杠前方。滚杠下有间隙的部位应及时找补,多余水泥浆应铲除。

(2) 整平饰面:整平饰面应待混凝土表面泌水基本完成后进行,采用 3 m 刮尺收浆饰面,纵横各 2～3 遍抄平饰面,直到表面平整度符合要求、表面砂浆厚度均匀。

整平饰面也可采用叶片式或圆盘式抹面机进行,抹面机应按每车道路面不少于 1 台配备。饰面遍数宜为往返 1～2 遍。

(3) 精平饰面:在抹面机完成作业后,应使用抹刀进行精平饰面。精平饰面包括清边整缝,清除粘浆,修补缺边、掉角等工作。

当烈日暴晒或风大时,应加快表面的修整速度或在防雨篷下进行。

精平饰面后的面层表面应致密均匀,无抹面印痕,无露骨,平整度应达到要求,应立即进行保湿养护。

3.3.7 纵缝设置与施工

纵缝包括纵向施工缝和纵向缩缝两类,构造上分为设拉杆平缝型和设拉杆假缝型。

(1) 当一次铺筑宽度小于路面宽度时,应设置纵向施工缝,位置应避开轮迹并重合或靠近车道线,构造可采用设拉杆平缝型。上部应锯切槽口,深度为 30～40 mm,宽度为 3～8 mm,槽内灌填缝料。采用滑模施工时,纵向施工缝的拉杆可用摊铺机的侧向拉杆装置插入。采用固定模板施工方式时,应在振实过程中,从侧模预留孔中手工插入拉杆。

(2) 当一次铺筑宽度大于 4.5 m 时,应设置纵向缩缝,构造可采用设拉杆假缝型,锯切的槽口深度应大于纵向施工缝的槽口深度。纵缝位置应按车道宽度设置,并在摊铺过程中用专用的拉杆插入装置插入拉杆。

(3) 钢筋混凝土路面、桥面和搭板的纵缝拉杆可由横向钢筋延伸穿过接缝代替。钢纤维混凝土路面切开的纵向缩缝可不设拉杆,纵向施工缝应设拉杆。

(4) 插入的侧向拉杆应牢固,不得松动、碰撞或拔出。若发生拉杆松脱或漏插,应在横向相邻路面摊铺前,钻孔重新植入。当发现拉杆可能被拔出时,宜进行拉杆拔出力(握裹力)检验。

(5) 纵缝应与路线中线平行。纵缝拉杆应采用热轧带肋钢筋,设在板厚中央,并应对拉杆中部 100 mm 进行防锈处理。

3.3.8　横缝设置与施工

横缝包括横向施工缝、横向缩缝和横向胀缝三类。横向施工缝按构造分为设传力杆平缝型和设拉杆企口缝型；横向缩缝按构造分为设传力杆假缝型和不设传力杆假缝型。

（1）每日施工结束或因临时原因中断施工时，应设置横向施工缝，其位置应尽可能选在胀缝或缩缝处。横向施工缝设在缩缝处应采用设传力杆平缝型。

施工缝设在胀缝处的构造与胀缝相同。确有困难需设置在缩缝之间时，横向施工缝应采用设拉杆企口缝型。

（2）普通混凝土路面横向缩缝宜等间距布置，不宜采用斜缝。不得不调整板长时，最大板长不宜大于6.0 m；最小板长不宜小于板宽。

（3）在特重和重交通公路、收费广场、邻近横向胀缝或路面自由端的3条缩缝应采用设传力杆假缝型，其他情况下可采用不设传力杆假缝型。

（4）横向缩缝传力杆的施工方法可采用前置钢筋支架法或传力杆插入装置（DBI）法。传力杆应采用光面钢筋。

（5）横向缩缝的切缝方式有全部硬切缝、软硬结合切缝和全部软切缝三种，切缝方式的选用，应由施工期间该地区路面摊铺完毕到切缝时的昼夜温差确定。

（6）邻近桥梁或其他固定构造物处或与其他道路相交处，应设置横向胀缝。普通混凝土路面、钢筋混凝土路面和钢纤维混凝土路面视集料的温度膨胀性大小、当地年温差和施工季节酌情设置横向胀缝：高温施工，可不设横向胀缝；常温施工，集料温缩系数和年温差较小时，可不设横向胀缝；集料温缩系数或年温差较大，路面两端构造物间距不小于500 m时，宜设一道中间横向胀缝；低温施工，路面两端构造物间距不小于350 m时，宜设一道横向胀缝。

（7）普通混凝土路面的横向胀缝应包括补强钢筋支架、胀缝板和传力杆。钢筋混凝土和钢纤维混凝土路面可不设钢筋支架。胀缝宽20～25 mm，使用沥青或塑料薄膜滑动封闭层时，胀缝板及填缝宽度宜加宽到25～30 mm。

传力杆一半以上长度的表面应涂防粘涂层，端部应戴活动套帽，套帽材料与尺寸应符合有关规定的要求。胀缝板应与路中心线垂直，缝壁垂直；缝隙宽度一致；缝中完全不连浆。

（8）横向胀缝应采用前置钢筋支架法施工，也可预留一块面板，高温时再铺封。前置法施工，应预先加工、安装和固定胀缝钢筋支架，在使用手持振捣棒振实胀缝板两侧的混凝土后摊铺。宜在混凝土未硬化时，剔除胀缝板上部的混凝土，嵌入20～25 mm的木条，整平表面。胀缝板应连续贯通整个路面板宽度。

3.3.9 抗滑构造施工

(1) 摊铺完毕或精整平表面后,宜使用钢支架拖挂 1~3 层叠合麻布、帆布或棉布,洒水湿润后做拉毛处理。人工修整表面时,宜使用木抹。用钢抹修整过的光面,必须再做拉毛处理,以恢复细观抗滑构造。

(2) 当日施工进度超过 500 m 时,抗滑沟槽制作宜选用拉毛机械施工,没有拉毛机时,可采用人工拉槽方式。

(3) 特重和重交通混凝土路面宜采用硬刻槽,使用圆盘、叶片式抹面机整平后的混凝土路面、钢纤维混凝土路面必须采用硬刻槽方式制作抗滑沟槽。

3.3.10 混凝土路面养护

(1) 混凝土路面铺筑完成或抗滑构造制作完毕后立即开始养护。机械摊铺的各种混凝土路面、桥面及搭板宜采用喷洒养护剂同时保湿覆盖的方式养护。在雨天或养护用水充足的情况下,也可采用覆盖保湿膜、土工毡、土工布、麻袋、草袋、草帘等洒水湿养护方式,不宜使用围水养护方式。

(2) 养护时间根据混凝土弯拉强度增长情况而定,不宜小于设计弯拉强度的 80%,应特别注重前 7 d 的保湿(温)养护。一般养护天数宜为 14~21 d,高温天不宜小于 14 d,低温天不宜小于 21 d。掺粉煤灰的混凝土路面的最短养护时间不宜少于 28 d,低温天应适当延长。

(3) 混凝土板养护初期,严禁人、畜、车辆通行,在达到设计强度的 40% 后,行人方可通行。在路面养护期间,平交道口应搭建临时便桥。面板达到设计弯拉强度后,方可开放交通。

3.3.11 灌缝

(1) 应先采用切缝机清除接缝中夹杂的砂石、凝结的泥浆等,再使用压力不小于 0.5 MPa 的压力水和压缩空气彻底清除接缝中的尘土及其他污染物,确保缝壁及内部清洁、干燥。缝壁检验以擦不出灰尘为灌缝标准。

(2) 常温施工式填缝料的养护期,低温天宜为 24 h,高温天宜为 12 h。加热施工式填缝料的养护期,低温天宜为 12 h,高温天宜为 6 h。灌缝料养护期间应封闭交通。

(3) 路面横向胀缝和桥台隔离缝等应在填缝前,凿去接缝板顶部嵌入的木条,涂胶黏剂后,嵌入胀缝专用多孔橡胶条或灌进适宜的填缝料。当横向胀缝的宽度不一致或有啃边、掉角等现象时,必须灌缝。

3.3.12 质量标准

水泥混凝土路面铺筑质量标准如表 3.50 所示。

表 3.50 水泥混凝土路面铺筑质量标准

项次	检查项目		质量标准		检查频率		检查方法
			高速公路、一级公路	其他公路	高速公路、一级公路	其他公路	
1	弯拉强度	标准小梁弯拉强度/MPa	按 JTG/T F30—2014 附录 H 评定		每班组 2~4 组试件（日进度＜500 m 留 2 组,≥500 m 留 3 组,≥1000 m 留 4 组),测算 f_{cs}、f_{min}、C_v	每班组 1~3 组试件（日进度＜500 m 留 1 组,≥500 m 留 2 组,≥1000 m 留 3 组),测算 f_{cs}、f_{min}、C_v	JTG E30—2005 的 T 0552、T 0558
		路面钻芯劈裂强度换算弯拉强度/MPa			每车道、每 3 km 钻取 1 个芯样,单独施工硬路肩为 1 个车道,测算 f_{cs}、f_{min}、C_v	每车道、每 2 km 钻取 1 个芯样,单独施工硬路肩为 1 个车道,测算 f_{cs}、f_{min}、C_v	JTG E30—2005 的 T 0552、T 0561
2	板厚度/mm		平均值≥-5;极值≥-15,C_v 符合设计规定		路面摊铺宽度内每 100 m 左右各 2 处,连接摊铺每 100 m 单边 1 处	路面摊铺宽度内每 100 m 左右各 1 处,连接摊铺每 100 m 单边 1 处	板边与岩心尺测岩心最终判定
3	纵向平整度	σ/mm	≤1.32	≤2.00	所有车道连续检测		车载平整度检测仪
		IRI/(m/km)	≤2.20	≤3.30			
		3 m 直尺最大间隙 Δh（合格率应≥90%)/mm	≤3	≤5	每半幅车道 100 m 2 处,每处 10 尺	每半幅车道 200 m 2 处,每处 10 尺	3 m 直尺
4	抗滑构造深度/mm	一般路段	0.70~1.10	0.40~0.90	每车道及硬路肩、每 200 m 测 2 处	每车道及硬路肩、每 200 m 测 1 处	铺砂法
		特殊路段	0.80~1.20	0.60~1.00			
5	摩擦系数	一般路段	≥50	≥50	行车道、超车道全长连续检测,每车道、每 20 m 连续检测 1 个测点	一般路段免检,仅检查特殊路段,每车道、每 20 m 连续检测 1 个测点,不足 20 m 测 1 个测点	JTG E60—2008 的 T 0965
		特殊路段	≥55	≥50			
6	取芯法测抗冻等级	严寒地区	≥250	≥200	每车道、每 3 km 钻取 1 个芯样	每车道、每 5 km 钻取 1 个芯样	JTG E30—2005 的 T 0552
		寒冷地区	≥200	≥150			

课后巩固

一、单项选择题

1. 下列选项中,( )不是水泥混凝土路面的优点。
   A. 强度高　　　　　　　　　　B. 稳定性好
   C. 开放交通早　　　　　　　　D. 耐久性好

2. 水泥混凝土路面横缝处设置的钢筋称为( )。
   A. 拉杆　　　　B. 传力杆　　　　C. 补强钢筋　　　　D. 拉筋

3. 从结构上看,由于上下贯通,缝较宽且间距大,被称为真缝的是( )。
   A. 缩缝　　　　B. 胀缝　　　　C. 工作缝　　　　D. 横缝

4. 水泥混凝土路面传力杆钢筋加工方式是( )。
   A. 挤压切断　　　B. 锯断　　　　C. 剪断　　　　D. 烧断

5. 下列选项中,( )是水泥混凝土路面用到的加热式填缝料。
   A. 硅树脂类　　　　　　　　　B. 聚氯乙烯胶泥类
   C. 氯丁橡胶　　　　　　　　　D. 沥青橡胶类

二、判断题

1. 维修简单是普通混凝土路面的优点。　　　　　　　　　　　　　　( )
2. 水泥混凝土胀缝常做成假缝。　　　　　　　　　　　　　　　　　( )
3. 防止板因温度和湿度的降低而收缩开裂设置的缝为缩缝。　　　　　( )
4. 水泥混凝土路面在气温较高时施工可减少设置胀缝。　　　　　　　( )
5. 施工不连续,暂时停止施工时要设置施工缝。　　　　　　　　　　( )

参 考 文 献

[1] 中华人民共和国交通运输部.JTG/T 3610—2019 公路路基施工技术规范[S].北京:人民交通出版社,2019.

[2] 中华人民共和国交通运输部.JTG/T F20—2015 公路路面基层施工技术细则[S].北京:人民交通出版社,2015.

[3] 中华人民共和国交通部.JTG F 40—2004 公路沥青路面施工技术规范[S].北京:人民交通出版社,2005.

[4] 中华人民共和国交通运输部.JTG F80/1—2017 公路工程质量检验评定标准 第一册 土建工程[S].北京:人民交通出版社,2018.

[5] 中华人民共和国交通运输部.JTG/T F30—2014 公路水泥混凝土路面施工技术细则[S].北京:人民交通出版社,2014.

[6] 中华人民共和国交通运输部.JTG B01—2014 公路工程技术标准[S].北京:人民交通出版社,2015.

[7] 全国一级建造师执业资格考试用书编写委员会.公路工程管理与实务[M].北京:中国建筑工业出版社,2022.

[8] 宋高嵩,石振武.道路路基路面工程[M].北京:北京理工大学出版社,2017.

[9] 黄晓明.路基路面工程[M].6 版.北京:人民交通出版社,2019.

[10] 栗振锋.李素梅.路基路面工程[M].3 版.北京:人民交通出版社,2018.

[11] 杨仲元.路基路面施工技术[M].4 版.北京:人民交通出版社,2021.